DICCIONARIO ECONÓMICO Y FINANCIERO

Miquel J. Pavón Besalú

Geógrafo

www.kritika-al-sistema.com

Dedico este libro
A mi hijo Néstor.

ÍNDICE

"Hijo mío, la felicidad está hecha de pequeñas cosas: un pequeño yate, una pequeña mansión, una pequeña fortuna ....".

Groucho MARX

A

- **A cuenta**: Pago parcial que se efectúa como un anticipo al efectuar una compra.
- **A la par**: Cambio o cotización equivalente al 100 por ciento del valor nominal del título.
- **A la vista**: Obligación de pago que es exigible al deudor a su presentación.
- **AAA**: Máxima calificación financiera o crediticia que mide el grado de solvencia de una entidad o estado otorgado por una agencia de calificación o *rating*.
- **Abastecer**: Aprovisionar de víveres o bienes a una población.
- **Abonar**: En una transacción comercial es pagar la cantidad que se debe.
- **Abrazo del oso**: Táctica de acoso de una sociedad adquiriente en una OPA hostil.
- **Absentista**: Propietario que reside fuera de sus fincas o la localidad en la que radican sus bienes principales.
- **Absorción**: Integración de una sociedad en otra.
- **Abundancia**: Gran cantidad de algo. Con mucho dinero. En buena posición económica. Ver artículo complementario: Abundancia.
- **Acaparamiento**: Acción consistente en adquirir y retener bienes con el objeto de que aumenten su valor.
- **Acción**: Valor inmobiliario que representa una parte alícuota de una sociedad anónima y que otorga a su titular los derechos del accionista. Estos derechos son: participar en la junta de accionistas, participar de los beneficios de la empresa en

función de la política de dividendos establecida y acreditar el valor de la empresa en proporción a su participación.

• **Acción al portador**: El titular justifica su tenencia por la posesión física del documento original emitido por la empresa.

• **Acción con prima**: Acción que se emite por un valor superior al normal.

• **Acción de disfrute**: Valor que permite disfrutar de forma limitada, cuantitativamente y temporalmente de los beneficios de la sociedad.

• **Acción gratuita**: Se dice de la acción por la que el accionista no desembolsa nada en su suscripción ya que la emisión se hace con cargo a las cuentas de reserva libres. También se la denomina acción liberada.

• **Acción nominativa**: El valor designa directamente a su legítimo tenedor.

• **Acción preferente**: Es aquella que confiere un derecho especial a su titular con respecto a la acción normal.

• **Accionista**: Titular de una o más acciones. Su titularidad le confiere el derecho de voto y asistencia a las juntas generales, el de cobro de dividendos y cuota de liquidación, el de información y el de suscripción preferente en el caso de emisión de nuevas acciones.

• **Aceptación bancaria**: Asumir la responsabilidad del pago de un efecto indicándolo en el reverso del mismo con la palabra acepto.

• **Acreditar**: Realizar una anotación en el haber de una cuenta. Reconocimiento de haber recibido una cantidad. Facultad de demostrar que se es acreedor de una deuda con el fin de reclamar el pago.

• **Acreedor**: El que tiene una cantidad pendiente de cobro por parte del deudor.

• **Acta**: Relato breve de lo acontecido en una reunión o una junta de gobierno de cualquier entidad.

• **Actividad económica**: Conjunto de acciones desarrolladas para producir, consumir y distribuir bienes y servicios generados para satisfacer necesidades.

• **Activo**: Conjunto de bienes y derechos pertenecientes a una sociedad o persona física. En un balance de situación, es la parte de éste que refleja de forma ordenada y rigurosa la relación de bienes y derechos de una empresa o persona física. Así mismo, el activo pone de manifiesto las inversiones que ha realizado la empresa, las cuales se dividen genéricamente en activo circulante y activo fijo (también se conoce como inmovilizado).

• **Activo dudoso**: Deuda que se retrasa en el pago.

• **Activo fijo**: Parte del activo de una sociedad que no está destinado a su venta sino que está para permanecer en la sociedad por tiempo indefinido.

• **Activo monetario**: Parte del activo que tiene una alta liquidez.

• **Activo tóxico**: Bien que está en el balance de una sociedad registrado con un valor contable muy superior al real de mercado. Es una forma de enmascarar y no reconocer pérdidas.

• **Actualización**: Método por el que se puede expresar el valor futuro de un capital en su valor presente equivalente en función de la variable tiempo.

• **Acuñar**: Sellar una pieza metálica para fabricar moneda.

• **Adeudar**: Acción de anotar al debe de una cuenta.

• **Adjudicatario**: Persona o entidad a la que se le adjudica un contrato.

- **Administración de una cartera de valores**: Actividad desarrollada por las sociedades bursátiles y gestoras de carteras que hace referencia a la custodia y gestión de los derechos económicos de los valores depositados.
- **Administrador**: Persona encargada de llevar la gestión, gobernar y dirigir una entidad o un patrimonio.
- **Administrar**: Organizar el aprovechamiento de los recursos.
- **Admisión en bolsa**: Procedimiento que trata de conseguir que un determinado valor mobiliario pueda ser admitido a negociación en el mercado bursátil con el cumplimiento de determinados requisitos legales y reglamentarios.
- **Adquisición**: Acto de hacerse con la propiedad de algo.
- **ADR**: Acrónimo de *American Depositary Receipt*. Título que respalda el depósito en un banco de Estados Unidos las acciones de sociedades constituidas fuera del país y que pueden negociarse en los mercados de USA.
- **Aduana**: Oficina pública administrativa situada en los puntos de entrada de un país que tiene como principal misión registrar el tráfico de mercancías internacional, hacer cumplir las leyes relativas a sanidad, consumo o cualquier otra y recaudar los impuestos correspondientes.
- **Aflorar**: Regularizar un activo no declarado aprovechando una amnistía fiscal.
- **AEAT**: Acrónimo de Agencia Estatal de Administración Tributaria. Entidad encargada de recaudar los tributos del Estado. Web: AEAT.
- **Agencia de valores y bolsa**: Intermediario bursátil autorizado legalmente para operar en bolsa por cuenta de sus clientes. Sus principales funciones son: la compraventa de valores por orden de sus clientes, gestionar la suscripción, intervenir en la colocación de emisiones y OPV, gestionar carteras, etc.

• **Agiotista**: Especulador en bolsa que se caracteriza por realizar maniobras para forzar o deprimir los cambios de acuerdo con sus intereses personales.

• **Ahorrar agua**: Acción de gastar menos en el consumo del agua. Ver artículo complementario: <u>Principales ideas para ahorrar agua si estás con el agua hasta el cuello</u>.

• **Ahorrar gas**: Acción de gastar menos en el consumo del gas. Ver artículo complementario: <u>Eres un AS si sabes ahorrar gas</u>.

• **Ahorrar luz**: Acción de gastar menos en el consumo de electricidad. Ver artículo complementario: <u>Estoy a oscuras</u>.

• **Ahorrar teléfono**: Acción de gastar menos en el consumo del teléfono. Ver artículo complementario: <u>Por el micrófono del teléfono perderás hasta el kimono del mono</u>.

• **Ahorro**: Diferencia entre los ingresos obtenidos y los gastos realizados. Es dejar de consumir para dedicar recursos financieros a la inversión. El ahorro depositado en los bancos constituye su pasivo ya que son cantidades que pertenecen a los clientes. Ver artículo complementario: <u>¿Qué hago con el ahorro antes de que me lo pique un abejorro?.</u>

• **Al contado**: Compraventa de valores que implica la entrega simultánea del precio y del valor objeto del contrato.

• **Albarán**: Relación de mercancías entregadas por el proveedor para que el cliente que las recibe dé su conformidad.

• **Alcista**: Posición de bolsa en virtud de la cual se estima que las cotizaciones subirán.

• **Alícuota**: Parte que resulta de dividir una cantidad en un número de partes iguales.

• **Alquiler**: Es un contrato por el que una de las partes, llamado arrendador, se obliga a transferir temporalmente el uso y disfrute de un bien mueble o inmueble a la otra parte, llamada arrendataria, que se obliga a pagar un determinado precio cierto y determinado de antemano. También se denomina contrato de arrendamiento. Web: Fincas en Alquiler.

• **Alza**: Aumento del valor de las cotizaciones bursátiles.

• **Amortización**: Devolución de un capital prestado con arreglo a determinadas condiciones y plazos que en los valores inmobiliarios coincidirán con las condiciones de emisión de dichos valores.

• **Ampliación de capital**: Operación mediante la cual la sociedad incrementa su capital al emitir nuevas acciones.

• **Análisis de valores**: Examen y estudio pormenorizado de los factores legales, económicos, financieros y bursátiles de los valores negociables y que condicionan una inversión bursátil.

• **Análisis fundamental**: Técnica de análisis que sirve para predecir las cotizaciones futuras de un valor basadas en el estudio minucioso de los estados contables de la empresa emisora así como de sus expectativas futuras de expansión y de capacidad de generación de beneficios.

• **Análisis técnico**: Conjunto de técnicas que tratan de predecir las cotizaciones bursátiles desde su vertiente histórica, teniendo en cuenta también el comportamiento de ciertas magnitudes bursátiles, como volumen de contratación, cotización de las últimas sesiones, evolución de las cotizaciones en períodos más largos, capitalización bursátil, etc. El análisis técnico se apoya en la construcción de gráficos que indican la evolución de los precios de los valores, pero también en técnicas analíticas que pueden predecir las oscilaciones bursátiles. Se le denomina también análisis gráfico o chartista.

• **Analista económico**: Especialista que puede valorar la situación económica y financiera existente que le permiten realizar una estimación de los riesgos económicos.

- **Analista financiero**: Especialista del mercado financiero encargado de dar su diagnóstico sobre las empresas y el valor de los títulos.
- **Ánimo de lucro**: Intención de incrementar el patrimonio mediante actos legales o ilegales.
- **Anticipo**: Entrega de fondos hecha al intermediario bursátil para la realización de una operación.
- **Anualidad**: Importe anual de una renta.
- **Apalancamiento**: Es la relación existente entre el capital propio y el crédito que se invierte en una operación financiera. Ver artículo complementario: El botín del botín.
- **Aplicación**: Operación bursátil consistente en una compra y venta realizada por un solo intermediario bursátil sobre un mismo valor, por una misma cantidad de títulos en una misma fecha y a un mismo cambio, por cuenta de dos o varios ordenantes.
- **Aportación**: Cantidad que se deposita con una periodicidad.
- **Apreciación**: Incremento de la cotización de una moneda o de un valor.
- **Apropiación indebida**: Delito contra la propiedad consistente en apropiarse de los bienes ajenos.
- **Arancel**: Derechos de aduana exigidos para que se pueda importar una mercancía.
- **Arbitraje**: Operación de compra o venta de valores negociables, con objeto de obtener un beneficio a partir de la diferencia de cambios sobre el mismo valor entre dos bolsas distintas.
- **Arras**: Cantidad o fianza entregada a cuenta de una operación de compraventa.
- **Arrendamiento**: Acuerdo por el que un arrendador cede el uso de un bien al arrendatario a cambio de una renta.

- **Asalariado**: Persona que percibe un salario por su trabajo.
- **Asalto**: Delito caracterizado por la violencia contra las personas con el fin de apoderarse de sus pertenencias.
- **Asegurar**: Garantizar mediante la fijación de una indemnización predeterminada los daños que puedan sufrir las personas, bienes o derechos. También es dar una garantía del cumplimiento de una obligación.
- **Asnef-Equifax**: Empresa de prestación de servicios de información sobre la solvencia y el crédito. Nota: Si se les envía una copia del documento de identidad por correo o por Internet tienen la obligación de facilitar la información existente de forma gratuita. Se conoce popularmente como RAI. Web: Asnef-Equifax.
- **Auditoría**: Comprobación y revisión de la contabilidad de una empresa, descendiendo al detalle de las cuentas y conceptos a la vista de los soportes contables, analizando los aspectos financieros, económicos, fiscales, de relación con terceros, garantías, congruencia de los criterios aplicados y de su corrección.
- **Autarquía**: Política de autosuficiencia económica en la que un Estado trata de autoabastecerse con sus propios recursos.
- **Austeridad**: Actitud severa y rígida de acometer los gastos con el objeto de no despilfarrar o gastar más de lo estrictamente necesario.
- **Autocartera**: Cartera formada por acciones de la propia entidad o de una sociedad dominada.
- **Autogestión**: Sistema de gestión empresarial en el que son los trabajadores de la empresa los que designan los que serán sus directivos y participan en las decisiones de la empresa.

• **Autónomo**: Persona física que realiza un trabajo o actividad económica de forma habitual, personal y directa. En América Latina también recibe el nombre de cuentapropista.

• **Autosuficiente**: Que puede existir económicamente sin la ayuda externa.

• **Aval**: Contrato por el cual una persona física o jurídica garantiza el cumplimiento de alguna obligación u obligaciones de otra, de forma que si el obligado no cumple, será exigible la ejecución del compromiso al avalista. Es una garantía. Ver artículo complementario: Los intríngulis de garantizar el cumplimiento de una obligación.

• **Aval bancario**: Contrato de garantía en virtud del cual una entidad financiera asume, frente a un tercero, el cumplimiento subsidiario de la obligación en la que su cliente es el deudor principal, reforzando así a dicho cliente frente a su acreedor.

• **Avalado**: Persona de cuyas deudas alguien responde.

• **Avalista**: Persona física o jurídica que otorga a un tercero sus garantías y que se hace cargo, en caso de incumplimiento de aquél, del pago de la obligación objeto del aval.

• **Avaricia**: Inclinación o deseo desordenado de placeres o posesiones.

• **Aversión al riesgo**: Persona o colectivo que huye de manera sistemática de asumir cualquier tipo de riesgo, incluso renunciando, si es preciso, a obtener las ventajas o beneficios que se podrían derivar de dicha inversión.

• **Azar**: Casualidad que se da en diferentes fenómenos que se caracterizan por causas desconocidas y no lineales, es decir, que no siguen ningún patrón preestablecido evidente. Ver artículo complementario: La esperanza que nunca se pierde.

B

• **Baja**: Disminución de la cotización o precio de los valores mobiliarios.

• **Bajista**: Posición desde la que se prevé un descenso en la cotización de un valor, de un sector o del mercado de valores.

• **Bajo la par**: Cambio inferior al 100 por ciento del nominal del valor.

• **Balance**: Expresión contable de la situación patrimonial de una empresa.

• **Balance de situación**: Documento contable que refleja la situación de una sociedad en un momento determinado.

• **Balanza comercial**: Término macroeconómico que recoge los movimientos de mercancías entre un país con otro durante un determinado tiempo.

• **Balanza de pagos**: Transacciones económicas efectuadas entre los residentes de un país con los de los otros países.

• **Banca**: Forma genérica de referirse al sector bancario de un país o territorio como un sistema integrado. Ver artículo complementario: El banquero usurero ya cae por el agujero.

• **Banca comercial**: Banco que centra su actividad en la financiación de sociedades y particulares.

• **Banca de inversiones**: Banco que centra su actividad en los productos de intermediación bursátil, inversión, cobertura de riesgo y asesoramiento financiero.

• **Banca electrónica**: Prestación de los servicios bancarios a distancia usando las diferentes posibilidades de las telecomunicaciones.

• **Banca ética**: Tipo de entidad financiera que combina los beneficios sociales y medioambientales con la rentabilidad económica de las entidades financieras convencionales. Ver artículo complementario: <u>La banca ética se atranca en la estética</u>.

• **Banca pública**: Banco que tiene como propietario la administración de un Estado.

• **Banca privada**: Denominación que recibe una entidad y por extensión un colectivo de bancos, cuya titularidad es de índole privado, en contraposición a la banca oficial.

• **Bancarrota**: Expresión utilizada para indicar que un banco, empresa o persona se ha ido a la ruina.

• **Banco**: Es una entidad cuyo negocio consiste en captar recursos económicos para, posteriormente, prestarlos y obtener como ingreso intereses y comisiones. También actúa como depositario de fondos de forma temporal asegurando que no serán sustraídos ni enajenados sin el consentimiento expreso de su legítimo propietario. Es una entidad financiera que adopta la forma de sociedad anónima. Ver artículo complementario: <u>El banquero usurero ya cae por el agujero</u>.

• **Banco Central Europeo** (BCE): Instituto que asume las principales funciones de los bancos europeos integrados en la UE con sede en Frankfurt. Web: <u>BCE</u>.

• **Banco comercial**: Banco especializado en la admisión de depósitos y concesión de créditos, generalmente para el consumo y a corto plazo.

• **Banco de España**: Banco emisor de España. Sus funciones consisten en poseer y gestionar las reservas de divisas y metales preciosos no transferidos al BCE, supervisar la solvencia y comportamiento de las instituciones de crédito, promover el buen funcionamiento y estabilidad del sistema financiero y poner en circulación la moneda metálica. Desempeña por cuenta del Estado las demás funciones que le puedan encomendar. Web: <u>Banco de España</u>.

• **Banco de inversión**: Característica de un banco cuya misión principal consiste en la financiación de empresas al promover su salida a la bolsa de valores.

• **Banco intervenido**: Banco que se ha administrado mal y que la administración pública se ha hecho con su control con el objeto de sanearlo o liquidarlo.

• **Banda**: Intervalo de cotizaciones entre las que fluctúa un título.

• **Barandillero**: Persona situada en la barandilla del parqué bursátil interesada en las negociaciones bursátiles de viva voz.

• **Base de cotización**: Cantidad de referencia que se usa para realizar los cálculos posteriores oportunos.

• **Base imponible**: Cantidad a partir de la cual se calculará la tributación que corresponda.

• *Bear market*: Expresión anglosajona utilizada para definir un mercado bajista. Su traducción es *"mercado del oso"*.

• *Benckmark*: Base de comparación usado para calcular un rendimiento.

• **Beneficiario**: El que se aprovecha de algo.

• **Beneficio**: Diferencia entre ingresos y gastos de una operación.

• **Bien**: Algo escaso por lo que es sujeto a un determinado precio.

• **Bienes inmuebles**: Aquellos bienes que no son susceptibles de ser trasladados de un lugar a otro tales como los terrenos o los edificios.

• **Bienes muebles**: Activos que son susceptibles de ser trasladados de un lugar a otro hecho que los diferencia de los bienes inmuebles.

• **Bienes raíces**: Bienes que no se pueden trasladar del lugar en el que están.

• **Billete**: Documento de pago emitido por un banco central que representa una cierta cantidad de dinero líquido.

• **Biotrabajo**: Trabajo que se desarrolla teniendo en cuenta al ser humano como tal y bajo unas condiciones medioambientales y ecológicas óptimas que no dañen la salud. Ver artículo complementario: El futuro está en el biotrabajo.

• *Black Knight*: Inversor que ofrece por las acciones de una sociedad un precio superior al que ofrece otro inversor con el objeto de impedir que se pueda conseguir el control de una empresa.

• **Blanqueo de capitales**: Conversión o transferencia de bienes procedentes de una actividad delictiva o de una participación en este tipo de actividad que pretende ocultar el origen ilícito de dichos bienes.

• *Blue chips*: Voz anglosajona que hace referencia a los valores de cotización ascendente con buenos datos fundamentales y a los que se augura el mantenimiento de buenas posiciones en bolsa.

• **Boicot económico**: Tomar medidas comerciales o financieras con el objeto de bloquear las operaciones realizadas con un determinado país o región.

• **Bola de nieve**: Operativa que consiste en suscribir en todas las ampliaciones de capital, lo cual aumenta el número de acciones poseídas y reduce el cambio de inventario. Es una buena política de inversión a plazo cuando se trata de buenos valores que con regularidad llevan a cabo ampliaciones de capital.

• **Boletín de cotización**: Publicación oficial que realiza cada bolsa con el objeto de dar máxima publicidad a todas aquellas circunstancias que se refieren directa o indirectamente a la contratación bursátil.

• **Bolsa de valores**: Mercado donde se negocian los valores mobiliarios. Ver artículos complementarios: <u>El interés del interés compuesto</u>, <u>El valor del valor en la bolsa de valores</u> y <u>Links de las principales bolsas de valores del mundo</u>.

• **Bolsista**: Interviniente en la bolsa. Se dice también del especulador o del inversor a corto plazo.

• **Bonanza económica**: Etapa de desarrollo positivo para la actividad económica.

• **Bono**: Valores de renta fija con vencimiento a medio plazo. Normalmente son los que se emiten en un plazo de dos a cinco años. Cuando se emiten por un Estado reciben el nombre de bonos del Estado. Cuando se emiten por una empresa privada reciben el nombre de bonos de empresa. Ver artículo complementaria: <u>Fíjate en lo poco fija que es la renta fija</u>.

• **Bono basura**: Bono de alto riesgo que se emite con una muy baja calificación crediticia y que, por lo tanto, tiene una alta probabilidad de resultar impagado en cualquier momento.

• **Bonos convertibles contingentes**: Son bonos que se convierten automáticamente en acciones de la empresa cuando se cumplen unas determinadas circunstancias. Lo más habitual, en el caso de los bancos, es que el capital baja de un determinado nivel. Abreviadamente: CoCos.

• **Bono del Estado**: Título de deuda pública emitido por un Estado que se devuelve en un plazo comprendido entre los dos y cinco años. Se paga el cupón anualmente al tipo de interés contratado para esa emisión concreta.

• **Bonus**: Es la denominación que recibe la retribución variable que perciben los ejecutivos.

• **Boom**: Alza repentina de los precios.

• *Break out*: En el análisis de gráficos se da cuando una cotización rompe su línea de resistencia.

• *Broker*: Término anglosajón que designa a los intermediarios bursátiles o de los mercados financieros que actúan por cuenta de los clientes.

• **Bruto**: Importe al que no se le ha practicado ninguna deducción.

• *Bull market*: Expresión anglosajona para definir el mercado alcista. Su traducción es *"mercado del toro"*.

• **Burbuja**: Expresión usada para describir una situación generalizada de subida de precios de algún bien o sector sin que corresponda el precio pagado con el valor real.

• **Bursátil**: Todo lo relacionado con el mercado de la bolsa.

• *Business angels*: Es un individuo o sociedad próspera que provee de capital para un *start-up* a cambio de una participación accionaria. Se conoce también como capital riesgo.

C

- **Caballero blanco**: Sociedad que acude a la ayuda de otra.
- **Caducidad**: Extinción de un determinado derecho.
- **Caja**: Denominación que recibe la cuenta en la que se registran las entradas y salidas de dinero. Servicio que realizan los bancos y las cajas y que hace referencia a las entradas y salidas de dinero. Dinero en efectivo. En inglés *cash*.
- **Caja de ahorros**: Entidades financieras con funciones iguales que los bancos. Las diferencia en que éstas no tienen accionistas, por su característica de fundación o asociación y que una parte de sus beneficios deben ser destinados a obras de carácter social. Efectos que posee una empresa o entidad. Cartera de títulos. Cartera de valores.
- **Caja fuerte**: Caja metálica reforzada con un sistema de apertura de seguridad en la que se guardan objetos de valor.
- **Cajero**: Persona encargada de la gestión de la caja y del efectivo.
- **Cajero automático**: Caja externa a las sucursales bancarias en la que se pueden realizar un cierto número de operaciones bancarias.
- **Calentamiento**: Operaciones encaminadas a provocar intencionadamente un alza de los precios.
- **Calificación**: Acción de clasificar los valores con respecto a la solvencia.
- **Call**: Opción de compra de un valor negociable.
- **Cámara de compensación**: Organismo encargado de liquidar y compensar los diferentes pagos y cobros realizados entre las diferentes entidades de crédito.

• **Cambio**: Precio que alcanza un valor en bolsa.

• **Cambio convenido**: Es el valor dado a un título por las partes intervinientes en una transacción con independencia de su valor de mercado o teórico.

• **Cambio de apertura**: Es el primer cambio de un valor en la sesión de bolsa.

• **Cambio de cierre**: Es el último cambio del valor de una sesión de bolsa.

• **Cambio de divisas**: Servicio ofrecido por las entidades de crédito y los cambistas consistente en la compra y venta de moneda extranjera.

• **Cambio medio**: Representa el más equidistante entre el máximo y el mínimo de cada valor en una sesión bursátil.

• **Cambio oficial**: Tipo de cambio establecido por el mercado en un determinado momento.

• **Canal**: Figura formada por la cotización de un valor. Uniendo los puntos máximos se traza una línea de resistencia. Uniendo los puntos mínimos se traza una línea de soporte. En función de su dirección los canales pueden ser alcistas, bajistas o se consideran horizontales o paralelos.

• **Canje**: Cambio de unos valores por otros de características similares.

• **Cap**: Contrato mediante el cual el vendedor, a cambio de una comisión, se compromete a pagar al comprador en la fecha acordada la diferencia entre el tipo de interés de referencia y el pactado en caso de que sea inferior.

• **Capacidad de pago**: Cifra regular que se atribuye a una persona para hacer frente a sus compromisos.

• **Capital**: Recursos financieros de una entidad económica o sujeto económico que dispone para realizar una determinada actividad.

• **Capital riesgo**: Fondos invertidos en empresas de nueva creación o con un alto potencial de crecimiento que se invierten a sabiendas que se trata de una inversión muy arriesgada pero que también existe la posibilidad de obtener unos rápidos y altos beneficios.

• **Capital social**: Cifra de recursos financieros aportados por los socios a la sociedad.

• **Capitalismo**: Es un orden social en el que prevalece la libertad económica para disponer o usufructo de la propiedad privada en el que el capital es la principal herramienta de producción.

• **Capitalización bursátil**: Valor de la empresa obtenido de aplicar a las acciones que componen su capital social la cotización bursátil.

• **Carencia**: Periodo de un préstamo en el que sólo se pagan intereses y no se devuelve capital.

• **Carga**: Deuda o gravamen que supone una minusvalía que impide o dificulta que el bien o el derecho se pueda realizar por la totalidad de su valor. Se utiliza la expresión libre de cargas cuando el bien está limpio de deudas.

• **Cartera de valores**: Conjunto de valores de renta fija y variable que integran el patrimonio mobiliario de un sujeto.

• **Casar operaciones**: Operación que se efectúa cuando se reciben órdenes de compra y venta referentes al mismo valor y precio de tal modo que las demandas de unos son satisfechas con las ofertas de otros.

• *Cash*: Término anglosajón usado para referirse al dinero en efectivo o a la caja. Habitualmente es un término usado en el argot popular para referirse al dinero negro.

• *Cash flow*: Cantidad neta de dinero generada por una sociedad con su actividad comercial y sus cualesquiera otros ingresos.

• **CECA**: Acrónimo de Confederación Española de Cajas de Ahorro. Web: CECA.

• **Cédula hipotecaria**: Título que tiene como garantía al total de los créditos hipotecarios concedidos por la entidad que los emite.

• **Certificado**: Documento con valor exclusivamente administrativo que se emplea para hacer constar un determinado hecho, por ejemplo, una determinada deuda.

• **Certificado de legitimación o depósito de valores**: Documento expedido por el depositario a favor del titular de los valores o del depositante.

• **Cerrar una posición**: En el mercado de opciones es cuando se efectúa una operación con las mismas características que la que dio origen al contrato abierto pero con signo contrario.

• **Cesta de fondos**: Tener una participación pequeña en numerosos fondos de inversión de características diferentes con el objeto de diversificar el riesgo. Ver artículo complementario: Mi escapatoria …..

• *Ceteris paribus*: Expresión latina que significa que todas las demás variables permanecen constantes.

• **CDF**: Acrónimo de contrato por diferencias. Es un instrumento de inversión que permite a los inversores participar en el movimiento de precios de valores concretos o de índices sin la necesidad de adquirir la propiedad completa del índice o de la acción.

• **Ciclo bursátil**: Fluctuación larga y básica de las cotizaciones bursátiles.

• **Ciclo económico**: Fluctuación de la economía que alterna períodos de bonanza con períodos de escasez. Ver artículo complementario: <u>La rueda de la fortuna es más cachonda que una tuna</u>.

• **Cierre**: Momento en que termina oficialmente la contratación en bolsa.

• **CIF**: Acrónimo de Código de Identificación Fiscal. Para las personas físicas se suele usar NIF.

• **Cifra de negocios**: Suma total de los ingresos durante un período determinado.

• **CIRBE**: Acrónimo de Central Informes de Riesgos del Banco de España. Documento interno que se emite en el cual figuran los riesgos otorgados por todas las entidades de crédito, en lo que se refiere a riesgo (créditos y avales), a una persona física o jurídica. Actualmente aparecen listados los que suman más de 20 mil euros.

• **Cliente**: Sujeto que accede a un determinado producto o servicio por medio de una determinada transacción financiera.

• **Club de inversión**: Comunidad o sociedad civil formada por un grupo de inversores los cuales hacen entrega de una aportación de entrada al club y unas aportaciones periódicas con el fin de realizar inversiones en bolsa.

• **CNMV**: Acrónimo de Comisión Nacional del Mercado de Valores. Es un organismo público encargado de la tutela, inspección, control y supervisión de los mercados de valores. Web: <u>CNMV</u>.

• **Cobertura**: Provisión de fondos para asegurar una operación bursátil.

• **CoCos**: Acrónimo de bonos convertibles contingentes.

• **Codicia**: Afán excesivo de riquezas sin necesidad de querer atesorarlas.

- **Cofinanciación**: Financiación compartida entre varias entidades.
- **Comercio**: Actividad económica que consiste en comprar y vender productos y bienes.
- **Comisión**: Retribución que percibe el intermediario bursátil.
- **Comisión bancaria**: Coste que cobra una entidad bancaria a su cliente en concepto o contrapartida por la prestación de un servicio. Ver artículo complementario: Cuidado con la comisión que puedes perder hasta un cojón.
- **Comisión de apertura**: Comisión que la entidad financiera cobra en el momento de conceder un crédito. Su valor se calcula en función del importe total del crédito. El importe que se recibe de un crédito ya suele ser descontando la citada comisión.
- **Comisión de descubierto**: Comisión que la entidad financiera cobra automáticamente en cuanto una cuenta bancaria pasa a tener de saldo positivo a saldo negativo.
- **Comisión de disponibilidad**: Tipo de comisión que aplican las entidades financieras en función de la utilización de las líneas de crédito concedidas.
- **Comitente**: Denominación jurídica del inversor con relación a la sociedad o agencia de bolsa que recibe sus órdenes de inversión o desinversión que actúa como comisionista.
- **Compañía matriz**: Entidad propietaria de la mayoría de las acciones de otra.
- **Compensación**: Cancelar un saldo por otro de signo contrario.
- **Competitividad**: Capacidad de generar una mayor satisfacción al consumidor a menos precio.

• **Compra**: Acto por el que se adquiere un determinado bien, producto o servicio a cambio de la satisfacción de un determinado precio.

• **Compra a plazos**: Es la que se paga fraccionando el pago en varios vencimientos.

• **Compra compulsiva**: Reacción de muchos compradores ante la posibilidad de adquirir una oferta o descuento sin que lo ofertado sea de su interés o necesidad.

• **Compraventa bursátil**: Contrato por el que una parte, vendedora, se obliga a entregar un valor mobiliario cotizado determinado a otra, compradora. El comprador debe abonar al vendedor el precio determinado por la cotización bursátil del valor objeto de la operación.

• **Comunismo**: Es una asociación basada en la comunidad de los medios sociales de producción y los bienes que con ellos se producen mediante la participación directa de sus miembros en un ámbito de vida colectiva.

• **Con límite a ....**: Orden de bolsa en la que se pone un límite al cambio máximo si se trata de compras o un mínimo si es de ventas.

• **Concurso de acreedores**: Procedimiento legal que se origina cuando una persona física o jurídica acaba en una situación de insolvencia motivada por no poder hacer frente a sus deudas. El concurso de acreedores abarca la situación de quiebra y la de la suspensión de pagos.

• **Condonar**: Perdonar una deuda.

• *Confirming*: Gestión de los pagos de una empresa a sus proveedores ofreciendo la posibilidad de financiar a estos últimos la anticipación del cobro de las facturas.

• **Consecuencias imprevistas**: ver Ley de las consecuencias no intencionadas.

• **Consorcio**: Conjunto de entidades que se agrupan para llegar un negocio en común.

• **Consumidor**: Es la persona o empresa que adquiere un bien o servicio de otro pagando un precio establecido.

• **Consumo**: Acto de gastar o destruir un determinado bien o producto.

• **Contabilidad**: Sistema adoptado que sigue diversas convenciones y que persigue el conocimiento del valor de los bienes, derechos y obligaciones de una persona o una entidad utilizando un seguimiento exhaustivo de todas las operaciones económicas realizadas.

• **Contrapartida**: Postura de oferta y demanda contraria a la que una persona formula.

• **Contratar**: Llegar a un acuerdo con una persona para recibir un servicio de otra persona a cambio de dinero o cualquier otra compensación.

• **Contrato**: Pacto oral o escrito entre dos o más partes para dar o hacer una cosa determinada y que se obligan a cumplir lo establecido.

• **Contrato de futuros financiero**: Contrato normalizado que contiene un compromiso de entregar o recibir una cierta cantidad de activos financieros (acciones, bonos, obligaciones, letras, etc) en un momento futuro determinado. Se especifica el tipo de activo, la fecha de entrega, el precio (incluyendo la fluctuación mínima del contrato) y el número de contratos que se compran o se venden. La entrega física del activo subyacente (al que hace referencia el contrato) raramente se entrega físicamente ya que las operaciones se cruzan liquidándose exclusivamente por el beneficio o la pérdida en función de la variación de los precios que hay hasta el vencimiento del contrato. En el mercado bursátil los contratos de futuros sobre índices bursátiles y sobre valores pueden utilizarse como instrumentos de cobertura de los riesgos derivados de las oscilaciones de las cotizaciones.

• **Contribuyente**: Sujeto ya sea físico o jurídico que está obligado a contribuir con el pago de impuestos.

• **Convenio colectivo**: Acuerdo sobre las condiciones laborales que deben regir en una empresa o en un sector.

• **Convergencia económica**: Proceso que procura disminuir las diferencias económicas existentes entre diferentes zonas geográficas medido en términos de renta per cápita o cualquier otro gran indicador económico.

• **Convertible**: Posibilidad de canjear unos valores por otros.

• **Cooperativa de crédito**: Sociedad constituida de acuerdo con la legislación financiera cuyo objeto social es servir las necesidades financieras de sus socios y de terceros mediante el ejercicio de las actividades propias de las entidades de crédito.

• **Copago**: Expresión usada para describir que el coste de un determinado producto se comparte entre varios. La administración pública usa el término para indicar que si una cosa anteriormente era gratuita, por cuestiones impositivas, se va a cargar una parte del coste al contribuyente que necesite ese servicio público o producto.

• **Copropiedad de acciones**: Supuesto en el que una o más acciones corresponden a varios titulares.

• **Corralito**: Restricción de la libre disposición del dinero que se dispone en cuentas corrientes y ahorros dispuesto por el gobierno. Ver artículo complementario: <u>El chiringuito financiero es un amiguito sin dinero</u>.

• **Corredor de comercio colegiado**: Mediador y asesor tradicional en el mercado de valores y en la contratación de títulos. Actúa como federatario público especializado en los contratos sobre valores mobiliarios y en toda la contratación mercantil.

• **Corretaje**: Comisión que perciben los corredores de comercio por su actuación.

• **Corro**: En el sistema de contratación tradicional o de viva voz es el período de tiempo en el que se divide la sesión de bolsa. En cada uno de los corros se contratan los valores de un determinado sector.

• **Coste**: Gasto que se debe asumir para poder adquirir un bien o un servicio.

• **Cotización**: Precio alcanzado en el mercado por un valor. Publicación de los cambios de los títulos o valores que han tenido lugar en un determinado período determinado de tiempo.

• **Cotización** (referida a la seguridad social): En la recaudación básica de los recursos financieros de la seguridad social son las cuotas que van a cargo de los empresarios y de los trabajadores.

• **Cotización bursátil**: Aplicada a los precios, condiciones y cambios de los títulos y valores que se negocian en las bolsas.

• **Cotización oficial**: Derecho de una empresa y de sus títulos a cotizar en los mercados bursátiles.

• **Cotizar**: Publicar en bolsa el precio de los valores.

• **Coyuntura**: Situación económica de carácter estructural o coyuntural de un país, sector o empresa en un momento o período concreto. Está constituida o condicionada por la existencia o convergencia de ciertos factores o elementos.

• **Coyuntura bursátil**: Situación por la que atraviesan las cotizaciones de la bolsa, en un momento dado, resultante de la conjunción simultánea de acontecimientos de diversa índole.

• **Crack bursátil**: Denominación que indica la caída vertiginosa de las cotizaciones de la mayoría de los valores de una bolsa.

• **Crecimiento económico**: Aumento de la renta o del valor de los bienes y servicios finales producidos por una economía de un determinado país o región.

• *Credit scoring*: Es un método que consiste en la aplicación de un mecanismo automático que analiza la denegación o concesión de un crédito. El método trata de evaluar según una serie de parámetros objetivos. Se basa en un sistema de puntuación de distintas variables que darán lugar a una puntuación total que se compara con un valor previamente fijado. Si el valor obtenido es superior a uno determinado como de referencia se concede la operación automáticamente.

• **Crédito**: Es un préstamo en dinero a una persona o entidad que se compromete a devolver según las condiciones establecidas. La cantidad que se devuelve comprende lo percibido más los intereses, gastos, comisiones, seguros, impuestos y cualquier otra cantidad estipulada en el acuerdo. Ver también: Tener crédito.

• **Crédito al consumo**: Crédito que se concede con la condición o finalidad de que su beneficiario lo destine a la adquisición de bienes. Permite comprar pagando una serie de plazos un objeto de importe alto.

• **Crédito oficial**: Crédito ofrecido por el Estado, comunidades autónomas o entidades oficiales de crédito.

• **Crédito personal**: Crédito que otorga una entidad financiera a una persona garantizado con los bienes del propio beneficiario.

• **Crisis**: Situación económica que consiste en el desequilibrio entre la producción y el consumo. En sentido estricto, es el punto más alto del ciclo económico en el que termina la fase de expansión y se inicia la de depresión. Las crisis suelen ir acompañadas de un exceso de producción coincidiendo en tales casos con la existencia de mercancías invendibles y de necesidades insatisfechas.

• **Crisis económica**: Fase más depresiva de la evolución de un proceso económico recesivo.

• **Crisis financiera**: Una crisis económica en la que el principal factor está producido por el sector financiero y bancario.

• **Criterio de caja**: Sistema contable que asienta los gastos en el momento que se pagan y los ingresos en el momento en el que se perciben. Es opuesto al criterio del devengo.

• **Criterio del devengo**: Sistema contable que asienta los gastos en el momento que se generan aunque no se haya producido el pago y los ingresos en el momento que se devengan aunque no se hayan cobrado. Es opuesto al criterio de caja.

• **Cuadro de amortización**: Para un préstamo es la lista desglosada de las cantidades pendientes de pago y la carga financiera real. Para un elemento del activo es el número de años que se tardará en amortizar.

• **Cuenta corriente**: Depósito de efectivo a la vista en el que se facilita a su titular ingresar y retirar fondos de forma continua y sin preavisos. Suele ser la cuenta donde se atiende el pago de los diferentes gastos habituales.

• **Cuenta de ahorro**: Depósito bancario instrumentalizado en una libreta de ahorro a través de la cual se pueden realizar imposiciones y reintegros y que normalmente se cobran intereses algo mayores que en una cuenta corriente puesto que la idea es que se disponga de un saldo alto.

• **Cuenta de crédito**: Contrato por el cual una entidad de crédito pone a disposición del cliente beneficiario una determinada cantidad de dinero que podrá utilizar en parte o íntegramente durante un período de tiempo prefijado.

• **Cuenta de resultados**: Es un cálculo contable que determina la diferencia entre los ingresos y los gastos para saber el beneficio de un determinado periodo.

• **Cuenta de valores**: Es una anotación contable en la que se hacen constar todos los valores mobiliarios que una sola persona tiene depositados en una entidad bursátil o financiera.

• **Cuenta mancomunada**: Cuenta abierta con varios titulares y que únicamente puede operar si existe la conformidad expresa de la totalidad.

• **Cuentas anuales**: Conjunto de documentos que comprenden el balance de situación, la cuenta de pérdidas y ganancias, el estado de cambios en el patrimonio neto, el estado de flujos de efectivo, la memoria, el plan de gestión, el informe medioambiental y la información sobre la propiedad de las acciones o participaciones de la empresa.

• **Cuota**: Cantidad total de dinero que se paga en la que vienen incluidos todos los conceptos.

• **Cupón**: Parte de un título o valor que da derecho al cobro de los intereses o dividendos.

• **Curso de los cambios**: Variación de los cambios de un valor durante la sesión de bolsa.

• **Custodia**: Servicio que prestan las entidades financieras que consiste en la guarda y gestión de los valores que están a nombre del cliente.

CH

• **Chart**: Término anglosajón que significa cuadro. Es el término usado para designar los gráficos de evolución de los diferentes precios a lo largo del tiempo.

• **Checklist**: Es una lista de comprobación o verificación. Ver artículo complementario: <u>¿Tienes problemas? ¿Sí? Pues ....</u> <u>hazte un checklist</u>.

• **Cheque**: Documento contable en el que la persona que es autorizada o titular para extraer dinero de una cuenta extiende a otra persona una autorización para que pueda sacar una determinada cantidad de dinero de su cuenta bancaria expresado en un documento confeccionado para tal fin.

• **Cheque al portador**: Cheque que se extiende para que pueda ser abonado a la persona que vaya a cobrarlo sin que se le exija que se identifique.

• **Cheque bancario**: Cheque en el que el pagador es el mismo banco por lo que se le supone que tiene una mayor garantía de poder ser cobrado sin problemas.

• **Cheque cruzado**: Cuando un cheque se cruza diagonalmente con dos lineas paralelas no puede cobrarse en efectivo por caja y necesariamente hay que abonarlo en una cuenta corriente que sea titular el beneficiario.

• **Cheque nominal**: Cheque que se confecciona indicando expresamente que únicamente lo pueda cobrar una determinada persona o entidad después de haberse identificado correctamente.

• **Chicharro**: Valor que tiene un riesgo elevado.

D

• **Dación en pago**: Es el acto por el que un deudor da un bien, que suele ser una vivienda o un automóvil, a cambio de la totalidad de la deuda contraída por la compra del bien.

• **Daño**: Pérdida personal o material que se produce como consecuencia de un siniestro.

• *Dealer*: Persona física o jurídica que actúa como intermediario en una operación a cambio de una comisión.

• **Debe**: Sección del libro de cuentas en el que se enumeran todas las partidas que se cargan o debe el titular.

• **Débito**: Adeudo.

• **Declaración de bienes**: Documento en el que se relacionan las propiedades.

• **Declaración tributaria**: Documento que se confecciona con el objeto de consignar todo aquello que sea objeto de tributación y realizar la correspondiente liquidación.

• **Decomiso**: Pena accesoria a la principal consistente en apropiarse del producto del delito o falta.

• **Déficit**: Saldo que se produce cuando los gastos superan a los ingresos.

• **Déficit público**: Expresión que se utiliza para expresar que las Administraciones públicas o un Estado gasta más de lo que ingresa en impuestos. Ver artículo complementario: <u>Con déficit público sólo un mico se hará rico</u>.

• **Deflación**: Bajada generalizada y prolongada de los precios de los bienes de consumo, bienes y servicios. Según el FMI debe de darse durante dos trimestres consecutivos para que sea considerada como tal. Ver artículo complementario: El impuesto que puede provocar guerras.

• **Defraudar**: Eludir fraudulentamente el pago de impuestos. Ver artículo complementario: Andar por un risco no es lo mismo que defraudar al risco.

• **Demanda**: Bienes o servicios que están dispuestos a adquirir los consumidores cuando se llega a un determinado nivel de precios.

• **Demora**: Retraso en el cumplimiento de un pago.

• **Depósito a la vista**: Modalidad de depósito susceptible de ser inmediatamente reintegrable a su titular con la simple reclamación de éste.

• **Depósito a plazo**: Depósito irregular de dinero. Se caracteriza por el hecho de que el titular entrega una cantidad de dinero comprometiéndose a mantenerla en depósito sin disponer del saldo durante un tiempo determinado y pactado. Se recibe un interés mayor al de una cuenta corriente.

• **Depósito bancario**: Tipo de contrato por el cual una persona física o jurídica deposita una o sucesivas cantidades en una entidad financiera y las puede retirar en función del tiempo transcurrido y del tipo de interés aplicado.

• **Depósito de valores**: Acción de dar valores inmobiliarios por parte del inversor con el fin de que sean custodiados por el depositario que suele ser una entidad financiera o intermediario bursátil. Éste se encargará del cobro de ls derechos económicos y comunicar todo tipo de incidencias que afecten al valor en sí, como por ejemplo: ampliaciones o reducciones de capital, canjes y conversiones, amortización, opas, embargos, etc.

• **Depósito en libreta de ahorros**: Modalidad de depósito a la vista. Se caracteriza porque no se puede disponer de él con cheques o pagarés y, además, porque el titular dispone de una libreta en la que se anotan los movimientos experimentados en la cuenta.

• **Depreciación**: Disminución del valor de un activo a lo largo de su vida útil.

• **Depresión**: En economía es el período de baja actividad que suele preceder o seguir a un período de crisis.

• **Derecho bursátil**: Conjunto de normas legales que disciplinan el mercado bursátil.

• **Derecho de suscripción**: Derecho preferente a favor del titular de acciones para suscribir nuevas acciones en una ampliación de capital.

• **Derechos de custodia**: Comisión que perciben los depositarios de valores.

• **Derivado**: Instrumento financiero cuyo valor depende de otro activo.

• **Derrochar**: Exceso de gasto que tiene un escaso aprovechamiento o rendimiento.

• **Desaceleración económica**: Disminución del ritmo de crecimiento de la actividad económica.

• **Desahucio**: Aviso por parte del acreedor del fin de un contrato de arrendamiento o de una hipoteca por impago de la deuda y en el que se le indica que debe desalojar la vivienda. Ver artículo complementario: _El procurador avasallador desahucia sin compasión al pobretón._

• **Desarrollo**: Evolución positiva de la economía gracias a las innovaciones.

• **Descontar**: Acción de anticipar el importe de un efecto mercantil a cambio de una comisión o intereses.

• **Descontar dividendo o derecho**: En bolsa se dice que una acción ha descontado el dividendo o derecho cuando se produce la primera cotización, generalmente a la baja, en la fecha del vencimiento de dicho dividendo o del derecho de suscripción. En el momento de abonar los derechos o dividendos en el precio de cotización se le resta la cantidad abonada motivo por el cual se denomina a esta operación descontar el dividendo.

• **Descubierto**: Situación en la que una determinada cuenta en un banco tiene un saldo menor que cero o negativo.

• **Descuento**: Disminución practicada sobre el precio de venta.

• **Desembolso**: Realizar una entrega de dinero.

• **Desempleo**: Aquella parte de la población activa que no tiene empleo. También se denomina: paro. Ver artículo complementario: Si estoy en paro ….. ¿qué debo hacer? ….. redacta tu proyecto profesional.

• **Desfalco**: Apropiación indebida de bienes o dinero por parte de la persona que tiene su custodia.

• **Desinversión**: Retirada de una inversión por recuperación del capital invertido.

• **Deuda**: Obligación que alguien tiene de pagar o reintegrar algo a un tercero. Ver artículo complementario: La quita que te quita el sueño.

• **Deuda odiosa**: Deuda de un Estado contraída, creada y utilizada contra los intereses de los ciudadanos de un país. La legislación internacional actual ampara que no sea pagada ni exigible puesto que los prestatarios habrían actuado de mala fe. Ver artículo complementario: La deuda pública odiosa es públicamente horrorosa.

• **Deuda pública**: Valores de renta fija negociables en bolsa emitidas por el estado o las corporaciones públicas.

• **Deuda soberana**: Conjunto de deudas que mantiene un Estado frente a otros particulares o con otros países. Es deuda pública.

• **Deudor**: Sujeto que tiene que satisfacer una deuda a un tercero.

• **Desvalorizar**: Reducción o pérdida de valor de un bien o una cosa.

• **Devaluación**: Depreciación del tipo oficial de cambio de una divisa.

• **Devolución**: Retorno de lo adquirido por no haberse efectuado el pago.

• **Diamante**: Piedra preciosa que es un cristal transparente de átomos de carbono enlazados tetraedralmente. Ver artículo complementario: ¿Dónde hay diamantes?.

• **Dictamen**: Redacción escrita en la que se expresa una determinada opinión.

• **Diezmo**: Término que proviene del latín *decimus*. Es un impuesto equivalente al diez por ciento de las ganancias que se debía pagar al rey, gobernante o líder eclesiástico. Ver artículo complementario: La ley de la prosperidad: dar el diezmo.

• **Diferencial**: Diferencia entre dos variables económicas.

• **Diferir**: Aplazar.

• **Dinero**: Medio de intercambio aceptado por la sociedad que es usado para el pago de bienes, servicios y cualquier otra obligación. El dinero que usamos en el día a día es dinero fiduciario.

• **Dinero fiduciario**: Es el que se basa en la fe o en la confianza de la sociedad pero que no tiene ningún respaldo con metales preciosos o cualquier otra cosa que no sea una promesa de valor que avala la entidad emisora (bancos centrales).

• **Dinero negro**: Dinero que circula en un país que está oculto a los efectos fiscales.

• **Disponible**: Dinero que se posee sin restricciones de uso en forma de saldo en una cuenta.

• **Diversificación de riesgos**: Con referencia a las inversiones en bolsa significa que hay que distribuir las colocaciones en valores de sectores diversificados y en renta fija y variable de tal forma que el posible desenvolvimiento desfavorable en algunos de ellos no repercuta sobre toda la cartera del inversor. Ver artículo complementario: La confianza a veces da asco ......

• **Dividendo**: Parte del beneficio repartible o distribuible de una sociedad que corresponda pagar a los socios por cada acción. Ver artículo complementario: El dividendo mensual es genial.

• **Dividendo a cuenta**: Parte del beneficio repartible o distribuible de una sociedad que corresponda pagar a los socios por cada acción.

• **Dividendo neto**: Retribución que perciben los accionistas en concepto de beneficios distribuidos y una vez retenidos los correspondientes impuestos y cobrados los gastos.

• **Divisa**: Moneda utilizada en una región o país ajeno a su lugar de origen.

• **Documento privado**: Modalidad de documento suscrito por las partes contratantes que no adquiere carácter público y que sólo queda en el ámbito privado.

• **Documento público**: Los autorizados ante un notario o funcionario competente de acuerdo con los requerimientos preceptivos que pueden ser elevados a conocimiento público. Ver también: escritura pública.

- **Dólar australiano**: Moneda única de curso legal y pleno derecho de Australia. Símbolo: AUD.
- **Dólar canadiense**: Moneda única de curso legal y pleno derecho del Canadá. Símbolo: CAD.
- **Dólar estadounidense**: Moneda única de curso legal y pleno derecho de los Estados Unidos de América. Símbolo: USD. Abreviatura: $.
- **Domiciliación bancaria**: Orden que se da a un banco designado al efecto con el fin de que atienda las órdenes de pago con cargo a una cuenta determinada.
- **Donación**: Acto por el que se entrega gratuitamente algo a otra persona o entidad.
- *Double dip*: En inglés, término usado para describir una recesión de doble suelo.
- *Dow Jones*: Índice bursátil de la bolsa de New York. Web: Bolsa de New York.
- *Dumping*: Vender en el extranjero un producto a precios más bajos que en el mercado nacional.

E

- **EBITDA**: Acrónimo de *Earnings Before Interest, Taxes, Depreciation and Amortization*, es decir, beneficios antes de intereses, impuestos, depreciaciones y amortizaciones.
- **Economato**: Establecimiento comercial al que sólo puede acceder el personal de una determinada empresa o sector y al que se les ofrece un precio mejor que el del mercado.
- **Economía**: Ciencia social que estudia los mecanismos, la producción y distribución de bienes y servicios, así como el grado de utilización de los factores productivos.
- **Economía doméstica**: Se entiende como economía doméstica o familiar el conjunto de medidas de orden y administración de la casa. Es la ciencia que se encarga de administrar adecuadamente todos los bienes con los que cuenta un individuo y así satisfacer sus necesidades primordiales y/o superfluas. Libro: "¿Cómo salir de pobre y no morir en el intento? - Economía doméstica".
- **Economía sumergida**: Actividades productivas y económicas que eluden la regulación legislativa y que, por tanto, no están sujetas al control fiscal ni contable del Estado ni participan en los circuitos estadísticos ni fiscales.
- **Efectivo**: Dinero líquido.
- **Efecto mercantil**: Documento en el que se establece que la persona que lo da se compromete a realizar un pago en una determinada fecha establecida.
- **Efectos públicos**: Dícese de los títulos de la deuda pública.
- **Eficiencia**: Utilización eficaz de los recursos disponibles.

- **Ejecución de la operación**: Cumplimentación en bolsa de una orden de compra o venta de valores mobiliarios.
- **Ejercicio**: Unidad de medida temporal para la actividad de una sociedad.
- **Embargo**: Intervención judicial de los bienes con el fin de obligar a que se pague una deuda. Ver artículo complementario: <u>Un vil atraco a mano armada con todas las de la ley</u>.
- **Emisión**: Acto de poner en circulación entre el público valores mobiliarios y que se ofrecen para su suscripción.
- **Emisor**: Entidad que realiza la emisión.
- **Empleado**: Persona que realiza un trabajo o que desempeña un cargo a cambio de una remuneración en forma de salario.
- **Emprendedor**: Persona que se enfrenta con resolución a las acciones difíciles propias del campo de la economía, negocios o finanzas.
- **Empresa**: Organización, institución o industria que se dedica a una actividad económica con el objeto de conseguir unos determinados fines económicos o comerciales para satisfacer bienes y servicios de sus demandantes.
- **Empresa social**: Es un tipo de empresa en el que se beneficia tanto a quienes trabajan en ella como a los que la dirigen y obtienen ganancias satisfaciendo, a la vez, a la sociedad en la que se desenvuelven. Sus objetivos son sociales, medioambientales y financieros.
- **Empresario**: Persona que fija los objetivos y realiza las tomas de decisión estratégicas de las empresas asumiendo una responsabilidad comercial y legal frente a terceros.
- **Enajenar**: Transmitir el dominio de algo a otra persona.
- **Endeudamiento**: Uso que se hace de créditos bancarios a través de la adquisición de deudas.

• **Endoso**: Acto de trasladar el valor de un determinado título cambiario a otra persona o entidad.

• **Enriquecimiento**: Aumento del patrimonio.

• **Entidad de crédito**: Empresa cuya actividad económica habitual consiste en la captación de depósitos con la obligación de restituirlos y compensarlos a sus titulares legales y, con la aplicación de los recursos captados ofrecer créditos, préstamos y avales. Son ejemplos de entidades de crédito el ICO, los bancos, las cajas de ahorro, las cooperativas de crédito, etc.

• **Entrada**: Importe inicial a pagar en una compra que se realizará a plazos.

• **Equilibrio financiero**: Situación que se produce cuando la suma del activo disponible más el realizable es igual o superior al pasivo exigible a corto plazo.

• **Equivalencia financiera**: Recibe este nombre la relación entre el valor inicial y el valor final de una renta o de un capital diferido en el tiempo. En función de un horizonte temporal delimitado, el valor de adquisición en el momento inicial con relación al valor en un momento determinado origina el tipo de interés que afecta a esa relación. Es la relación entre los recursos actualizados y los recursos capitalizados mediante la aplicación de principios matemáticos.

• **Erario público**: Conjunto de recursos financieros de un país que custodia el Estado.

• **Escritura pública**: Documento público firmado ante el notario en el que se hace constar un determinado hecho o derecho que lo autoriza el fedatario público y va firmado con el otorgante o los otorgantes, dando fe de la capacidad jurídica del contenido y de la fecha en la que he ha realizado.

• **Especulación**: Modo de actuar en bolsa que consiste en realizar compras y ventas rápidas, separadas por un intervalo de tiempo, aprovechando las variaciones al alza o a la baja en la cotización de un valor. Ver artículo complementario: El que especula en un periquete pronto se va al garete.

• **Estacionalidad**: Relación de dependencia económica con respecto a las distintas épocas del año.

• **Estadística bursátil**: Es la aplicación de la ciencia estadística a la bolsa como método de investigación y que ha permitido el conocimiento de las variaciones de las magnitudes bursátiles en relación con la misma magnitud en otro período considerado como base.

• **Estafa**: Es un delito contra la propiedad o el patrimonio de otro sujeto.

• **Estanflación**: Término usado para definir la coyuntura económica que se da cuando coexiste una inflación con un bajo o nulo crecimiento económico.

• **Estatutos sociales**: Conjunto de normas que regulan el funcionamiento de una entidad.

• **Estraperlo**: Comercio ilegal de artículos intervenidos por un Estado en las épocas de escasez.

• **Estrategia**: Conjunto de acciones económicas planificadas sistemáticamente en el tiempo que se llevan a cabo para lograr un determinado fin o cumplir unos objetivos. Ver artículo complementario: ¿Cómo lo haremos si lo hacemos?.

• **Euribor**: Tipo de interés básico aplicable a las operaciones interbancarias que afecta a las operaciones financieras y al entorno de los países que tienen como moneda el euro.

• **Euro**: Moneda única de curso legal y pleno derecho de los países europeos que han decidido sustituir su moneda por la moneda única. Símbolo: EUR. Abreviatura: €.

• **Eurobonos**: Títulos de deuda pública a emitir por todos los países de la zona euro.

• **Evasión de capitales**: Salida de capitales de un país al extranjero eludiendo la legislación contable.

• **Ex cupón**: Sin derecho al cupón vencido. Las acciones se cotizan ex cupón desde el día en que se señala para el pago del dividendo y las obligaciones a partir del día del vencimiento del pago de intereses.

• **Existencias**: Bienes que se poseen con el objeto de poder ser vendidos en el curso ordinario de una explotación económica. En inglés *stock*.

• **Éxito**: Es el cumplimiento satisfactorio de unos determinados objetivos o resultados. Ver artículo complementario: El valor.

• **Expansión**: Situación de la economía de un país o entorno en el que el nivel de actividad o producción aumenta en volumen como resultado del crecimiento de la demanda.

• **Exportar**: Es el acto de enviar cualquier bien o servicio a cualquier otro país del mundo, con respecto al que se está asentado, con el objeto de comerciar y obtener un beneficio de ello. Ver artículo complementario: El capitalista aventurero.

• **Expropiación**: Privación por parte de la administración de la titularidad de un bien o un derecho a cambio de una indemnización por motivos de interés social.

F

- **_Factoring_**: Término anglosajón usado para expresar la financiación del cobro de facturas mediante el descuento.
- **Factura**: Es un documento comercial en el que se reflejan los datos básicos de una operación de compraventa: datos del cliente y del vendedor, detalle de la operación, fecha, número de orden, precios aplicados, impuestos y cualquier otro relevante que se desee mencionar. Una factura no presupone necesariamente el pago de la operación que sería un <u>recibo</u>. Ver artículo complementario: <u>Cuando uno más uno suma ocho</u>.
- **Factura pro-forma**: Documento que expide un vendedor comunicando al posible comprador el precio y las condiciones a las que se realizaría la operación económica.
- **Fallido**: Incumplimiento de un pago que se considera imposible e irrecuperable.
- **FIAMM**: Acrónimo de Fondos de Inversión en Activos del Mercado Monetario. Son fondos de inversión en activos del mercado monetario cuya cartera debe de estar constituida en su mayor parte por títulos de renta fija a corto plazo cuyo vencimiento no sea superior a unos dos años. No pueden invertir ni en acciones ni en obligaciones convertibles.
- **Fianza**: Depósito en forma de efectivo de documentos mercantiles o títulos mobiliarios que se constituye para garantizar el cumplimiento que se pueda derivar de una acción o para dar fuerza a una petición o demanda.
- **Fideicomiso**: Contrato o convenio en el cual una parte cede bienes, dinero o derechos a otra parte para que los administre en beneficio propio o de terceros.

• **Fiduciario**: Persona que actúa en interés de otra sin que se haga público.

• **FIM**: Acrónimo de Fondos de Inversión Mobiliaria. Modalidad de fondos de inversión en el que no existen prácticamente limitaciones en la elección de activos que lo componen. Su vocación financiera es generalmente a largo plazo. Según la proporción de los títulos que componen su cartera se dividen en FIMs de renta variable, de renta fija, de renta variable mixta, de renta fija mixta, etc. Ver artículo complementario: Mi escapatoria ......

• **Financiación**: Dotar u obtener los recursos financieros necesarios para el funcionamiento óptimo de la empresa.

• **Finanzas**: Actividades relacionadas con los flujos de capital y dinero entre los particulares, empresas o Estados. Libro: "¿Cómo salir de pobre y no morir en el intento? - Finanzas personales".

• **Finiquito**: Pago final que remata y liquida las cuentas pendientes de una relación laboral o comercial.

• **Firma digital**: Datos que se generan usando un método criptográfico que garantiza la autenticidad del mensaje.

• **Fisco:** Término del argot popular usado para referirse a la administración pública.

• *Fixing*: Precio medio de la cotización oficial de una divisa.

• **Fluctuaciones**: Movimientos de alzas y bajas continuadas en el mercado.

• **Fluidez**: Situación en que las distintas clases de órdenes pueden ser cumplidas sin retrasos provocados por las circunstancias propias del mercado.

• **FMI**: Acrónimo de Fondo Monetario Internacional. Web: FMI.

• **Folleto de emisión**: Conjunto de informaciones de carácter económico, financiero y contable de una empresa que se contienen en un prospecto que obligatoriamente se deben poner a disposición del público en las emisiones y ofertas públicas de venta de valores.

• **Fondo de comercio**: Activos intangibles de una sociedad que le aportan valor pero que son difíciles de cuantificar.

• **Fondo de inversión**: Inversión colectiva en valores mobiliarios, inmuebles o activos financieros. Ver artículo complementario: Mi escapatoria .....

• **Fondo de inversión mobiliaria**: Patrimonios pertenecientes a una pluralidad de inversores cuyo derecho de propiedad se representa mediante un certificado de participación. Son administrados por una sociedad gestora a quien se atribuyen las facultades de dominio sin ser la propietaria del fondo, con el concurso de un depositario (normalmente una entidad financiera). Se constituyen con el objeto exclusivo de la adquisición, tenencia, disfrute, administración en general y enajenación de valores mobiliarios y otros activos financieros para compensar, por una adecuada composición de sus activos, los riesgos y tipos de rendimiento. No suelen tener una participación mayoritaria económica o política en ninguna sociedad. Ver artículo complementario: Mi escapatoria .....

• **Fondos de renta fija**: Fondos de inversión en los que toda su cartera está formada por valores de endeudamiento con intereses fijos o variables.

• **Fondos de renta variable**: Fondos de inversión cuya cartera está formada por acciones y otros títulos que representan participaciones en el capital riesgo.

• **Forex**: Acrónimo inglés de *Foreign Exchange*. Es el mercado mundial y descentralizado de compraventa de divisas. Ver artículo complementario: ¿Cómo ganar con el cambio de las monedas?.

• *Forward*: Contrato de compra-venta de futuros no normalizado, en el que se establece el precio que se pagará en una fecha futura a la entrega del activo.

• **Franco suizo**: Unidad monetaria usada en Suiza. Símbolo: CHF.

• **Franquicia**: Contrato por el que la empresa franquiciadora concede a la franquiciada el derecho a comercializar sus productos o prestar sus servicios bajo su denominación.

• **Fraude**: Engaño o aprovechamiento de la ignorancia de otro para obtener un beneficio.

• **Fraude fiscal**: Engañar a la Hacienda pública. Ver artículo complementario: Andar por un risco no es lo mismo que defraudar al fisco.

• **Fraude laboral**: Engañar a la Seguridad Social.

• *Free float*: Número de acciones del capital de una sociedad disponibles y en circulación para ser negociadas por el público en general.

• **Funcionario**: Trabajador que desempeña sus funciones en un organismo público y que su plaza la ha ganado gracias a ganar unas oposiciones.

• **Fundación**: Acción de establecer el origen de algo. En el mundo económico se refiere a un tipo concreto de persona jurídica sin ánimo de lucro que continúa y cumple la voluntad de la persona que la fundó y que suele constituirse con una importante cantidad de dinero inicial para su supervivencia futura.

• **Futuros**: Ver: contrato de futuros.

G

- **Ganancia**: Beneficio económico obtenido por el capital invertido.
- **Gap**: Diferencia entre los valores de dos magnitudes económicas que se comparan.
- **Garante**: Persona física o jurídica que libra un aval a favor de un tercero.
- **Garantía**: Bien que se deja en prenda para garantizar el cumplimiento de un pago. Ver: <u>aval</u>.
- **Garantía bancaria**: Aval que libra una entidad financiera, a favor de su cliente y que lo obliga ante terceros, en caso de incumplimiento de las obligaciones por parte del cliente avalado.
- **Garantía personal**: Afianzamiento que otorga una persona a favor de otra u otras, que garantiza el cumplimiento de los compromisos u obligaciones que éstas contraigan con un tercero.
- **Garantía pignoraticia o prendaria**: Garantía prestada mediante un bien mueble de tal forma que el acreedor garantiza la ejecución de dicho bien en caso de impago por el deudor del cual es avalador.
- **Garantía real**: Con esta modalidad de garantía, el prestatario, además de aportar su garantía personal, afecta a la operación ciertos bienes muebles o inmuebles. Es la garantía que se ofrece con una hipoteca.
- **Gasto**: Reconocimiento contable de que el patrimonio neto de la sociedad ha sufrido un decremento como consecuencia de la salida de dinero por la adquisición de un bien o servicio.

• **Gastos fijos**: Aquellos que se acometen con regularidad y con independencia de la actividad o consumo. Por ejemplo, el alquiler, los seguros, etc.

• **Gastos variables**: Los que se ocasionan como fruto de una determinada actividad o consumo y suelen estar relacionados con éstos. Por ejemplo, el agua, luz, teléfono, ocio, regalos, alimentación, etc.

• **Gestión de cobro**: Actividad que desarrollan las entidades financieras que consiste en encargarse del cobro de los efectos de sus clientes.

• **Gestor**: Persona encargada de administrar negocios, patrimonios, carteras de valores o defender en general los intereses de un cliente de manera independiente o siguiendo sus instrucciones.

• **Giro postal**: Pago realizado a través del servicio de correos.

• **Globalización**: Integración de los mercados financieros y de la actividad económica en general a escala mundial sin que las fronteras constituyan una barrera.

• **Gran capital**: Capital total necesario para realizar una actividad o negocio sin que sea necesario más aportes de dinero adicionales. Ver artículo complementario: ¿Cuánto dinero sería el mínimo necesario para poder jubilarse?.

• **Gratificación**: Compensación pecuniaria como pago de un servicio eventual.

• **Gremio**: Conjunto de individuos que tienen una misma actividad económica.

• **Gurú**: Persona a quien se le reconoce una autoridad intelectual suficientemente elevada que hace que sus juicios sean muy atendidos.

H

- **Haber**: Sección en los libros de contabilidad en el que se relacionan pormenorizadamente el conjunto de bienes y propiedades del titular.

- **Hacienda pública**: Administración encargada de elaborar los presupuestos, recaudar los ingresos, coordinar y controlar los gastos de los diferentes departamentos.

- *Hedge fund*: Fondo de inversión cuyo gestor goza de una gran libertad para colocar los recursos, pudiendo asumir riesgos e invertir de manera dinámica tratando de obtener una rentabilidad superior a la media del mercado.

- **Herencia**: Es el conjunto de bienes y relaciones jurídicas que se transmiten en una sucesión una vez muerta una persona. Ver artículo complementario: ¿Te representaría un problema recibir una herencia multimillonaria?.

- **Hipoteca**: Es un derecho real de garantía a favor del acreedor y de su cesión de propiedad en el caso de impago. Se constituye para asegurar el pago de una obligación que, normalmente, suele ser el pago de un crédito o de un préstamo. El bien hipotecado permanece gravado en tanto en cuanto no se haya liquidado la deuda sea el que sea su propietario. El propietario puede disfrutar del bien hipotecado siempre que la deuda esté al corriente, no esté vencida o no se haya reclamado, por parte del acreedor. Para conseguir el bien hipotecado el acreedor deberá justificar fehacientemente el impago una vez la deuda esté legalmente vencida. Es una garantía real. Ver artículo complementario: Soy un esclavo del banco.

• **Holding**: Sociedad que posee o controla la mayoría de las acciones o participaciones de un grupo financiero.

• **Honorarios**: Retribución o sueldos que perciben los profesionales.

• **Honradez**: Rectitud de ánimo, integridad en el obrar y respeto por las normas que se consideran adecuadas.

• **Hora bruja**: Volatilidad alta que se genera en los mercados cuando se simultanea con el mercado de renta variable el vencimiento de los contratos de futuros y de las opciones.

• **Hucha**: Es el nombre tradicional de un tipo de recipiente destinado a la acumulación y almacenaje de dinero. Se denomina también como alcancía. Ver artículo complementario: Escucha: lucha para tener una buena hucha.

• **Huelga**: Acción por parte de los trabajadores de dejar de trabajar con el objeto de defender y reivindicar mejoras laborales.

I

- **IBEX-35**: Índice oficial del mercado continuo de la bolsa española que representa aproximadamente al 65% de la capitalización bursátil, mediante el análisis del 35% de los valores que la integran, y es calculado, publicado y difundido a tiempo real por la sociedad de bolsas. Es un índice ponderado de capitalización compuesto por los 35 mejores valores bursátiles de las compañías más líquidas entre las que cotizan en el mercado continuo de las cuatro bolsas españolas.

- **ICO**: Acrónimo de Instituto de crédito oficial. Web: ICO.

- **Iguala**: Convenio por el que se prestan servicios mediante el pago de una cantidad fija en lugar de ir pagando cada servicio de forma individualizada.

- **Impago**: Falta de pago de una deuda en el plazo que se ha estipulado.

- **Importar**: Es transportar bienes o servicios de un país ajeno al propio con el objeto de consumirlo. Ver artículo complementario: El capitalista aventurero.

- **Imposición**: Depósito irregular de dinero que una persona deposita en una entidad financiera en virtud de unas condiciones concertadas entre las partes.

- **Imposición a plazo**: Depósito que se realiza en una entidad de crédito no exigible durante un determinado plazo, salvo penalización, y que generalmente se retribuye a un tipo de interés superior al de una imposición a la vista o disponible.

- **Impuesto**: Es un tributo o pago a un Estado o Administración pública. Se rige por el derecho público. Se caracteriza por no requerir una contraprestación directa o determinada por parte de la administración a favor del sujeto que paga el impuesto.

• **Impuesto de actividades económicas**: Tributo que grava una determinada actividad comercial. Acrónimo: IAE.

• **Impuesto de actos jurídicos documentados**: Tributo que grava los actos formalizados en documentos públicos.

• **Impuesto de bienes inmuebles** (IBI): Tributo que grava las propiedades físicas tanto rústicas como urbanas.

• **Impuesto de circulación**: Tributo que grava los vehículos de tracción mecánica.

• **Impuesto de la renta**: Tributo que grava los ingresos obtenidos fruto del trabajo y los ingresos obtenidos a lo largo de un determinado período de tiempo. Acrónimo: IRPF.

• **Impuesto de patrimonio**: Tributa que grava el patrimonio total que posee una persona.

• **Impuesto de sociedades**: Tributo que grava las ganancias o beneficios de una sociedad.

• **Impuesto de sucesiones**: Tributo que se cobra a un fallecido para que pueda transmitir sus propiedades a sus herederos. Ver artículo complementario: El expolio a los escarabajos.

• **Impuesto de valor añadido**: Tributo que grava los productos consumidos. Acrónimo: IVA. Ver artículo complementario: El peaje del empleado.

• **Incapacidad laboral permanente**: Imposibilidad irreversible de un trabajador para realizar todas las labores que le corresponden como consecuencia de un accidente o de una enfermedad.

• **Indemnización**: Compensación o resarcimiento económico por las pérdidas sufridas por el perjudicado por parte del causante del daño o de su aseguradora.

• **Indexar**: Registrar datos e informaciones ordenadamente con el fin de elaborar un índice.

• **Índice**: Expresión en forma de número de la relación entre dos cantidades.

• **Índice bursátil**: Indicador de la situación sectorial o global del mercado. Expresa en porcentaje las variaciones que van experimentando las cotizaciones de los valores tomando como base las cotizaciones en un momento dado.

• **Índice de frecuencia**: Relación que existe entre el número de sesiones en que un valor es objeto de cotización en un período de tiempo determinado y el número de sesiones hábiles en ese período de tiempo.

• **Índice de volumen de contratación**: Relación existente entre el volumen de una sociedad contratado en bolsa y el capital social de la compañía.

• **Índice general de precios**: Indicador oficial que, con periodicidad mensual, pone de manifiesto el comportamiento y la evolución de los precios y se convierte en una referencia de gran importancia dada la dependencia de otros indicadores o decisiones a los que, a su vez, sirve de base informativa o de referencia.

• **Indiciado**: Denominación que se da a los valores, préstamos y créditos cuyo tipo de interés aplicado está ligado a fluctuaciones de un índice con el fin de asegurar a su tenedor un poder adquisitivo constante y, a su vez, una revisión automática del citado tipo de interés.

• **Industria**: Conjunto de empresas pertenecientes a un mismo sector que producen o comercializan productos con características similares o estrechamente relacionados.

• **INE**: Acrónimo de Instituto Oficial de Estadística. Organismo cuya función consiste en la elaboración y coordinación de análisis estadísticos de sectores, empresas, personas, etc. que supone una herramienta de gran importancia tanto por la información que proporcionan como por los resultados que de su uso se pueden obtener. Web: INE.

• **INEM**: Acrónimo de Instituto Nacional de Empleo. Es el organismo público español que se ocupa de todo lo referente a los programas de ocupación y las estadísticas de paro registrado. Web: INEM.

• **Inflación**: Incremento sostenido y generalizado de los precios de los artículos de consumo, bienes y servicios. Ver artículo complementario: El impuesto que puede provocar guerras.

• **Informe**: Dictamen elaborado por un técnico o un experto en la materia de que se trate.

• **Infraestructura**: Conjunto de elementos o de servicios básicos para la creación y el funcionamiento de una organización o entidad.

• **Infrautilizar**: Utilizar los recursos por debajo de sus capacidades.

• **Ingreso**: Percepción que se obtiene por el desempeño de una actividad.

• **Ingreso atípico**: Ingreso por operaciones no habituales que se obtienen al margen y con independencia de la actividad principal.

• **Ingreso extraordinario**: El que se origina con regularidad y con independencia de la actividad fundamental de la empresa.

• **Ingreso financiero**: Ingreso procedentes de los depósitos.

• **Iniciado o "*insider*"**: Persona con información privilegiada en bolsa o cualquier otro sector económico.

• **Inquilino**: Persona que alquila una vivienda o parte de ella para habitarla.

• **Insolvencia**: Situación en la que se encuentran las personas y las empresas cuando no tienen liquidez ni patrimonio con el que poder hacer frente a las deudas contraídas. El deudor está imposibilitado para cumplir con sus obligaciones. Puede tratarse de una situación de carácter estructural o coyuntural. Ver artículo complementario: Solvencia vs. insolvencia.

• **Insolvente**: Persona física o jurídica que carece de medios para atender sus compromisos adquiridos. Puede tratarse de una situación pasajera o definitiva.

• **Insostenible**: Situación económica que no se puede aguantar por más tiempo.

• **Interino**: Persona que trabaja de forma temporal con el objeto de cubrir una plaza que ha quedado desocupada transitoriamente.

• **Institución de inversión colectiva (IIC)**: Entidades jurídicas regidas por un régimen especial cuya actividad consiste en la captación de ahorros en forma de fondos o de bienes de los inversores, a fin de gestionarlos, retribuyéndolos en función de los resultados obtenidos de la aplicación de dichos fondos.

• **Instituciones de inversión colectiva**: Entidades que tienen por objeto la colocación de patrimonios colectivos en valores mobiliarios o inmobiliarios con recursos procedentes del público que adquiere sus acciones (en el caso de las sociedades de inversión mobiliaria) o participaciones en un patrimonio común (fondos de inversión mobiliaria e inmobiliaria).

• **Interbancario**: Tipo de interés que se origina por el conjunto de operaciones de cesión y petición de recursos financieros que se realizan entre las entidades financieras.

• **Interés**: Retribución de los valores de renta fija que pagan las entidades emisoras por el uso del dinero prestado por los suscriptores de dichos valores. Ver artículo complementario: _No prestar interés al interés no es interesante_.

• **Interés básico**: Tipo de interés que aplica el banco emisor en las operaciones que realiza con otros bancos y que afectan directamente a los tipos que aplican esas entidades a sus clientes.

• **Interés compuesto**: Es el interés resultante de haber ido reinvirtiendo los intereses obtenidos de una inversión de capital en un determinado período de tiempo y de forma sucesiva en el tiempo. Ver artículo complementario: _El interés del interés compuesto_.

• **Interés de demora**: El que se devenga por el atraso en el cumplimiento puntual de las obligaciones de pago o por haber incumplido un plazo. Cuando lo aplica la Administración se cobra en concepto de sanción administrativa.

• **Interés fijo**: Recibe esta denominación cuando el interés de un crédito permanece estable durante toda la duración del mismo.

• **Interés legal**: Tipo de interés previsto por la ley que se aplica en aquellos casos en que las partes contratantes de una deuda o préstamo no lo han señalado o cuando se debe aplicar en concepto de compensación mínima.

• **Interés simple**: Es aquel que el capital productor de intereses siempre es el mismo a lo largo del período de duración de la operación.

• **Interés variable**: Recibe esta denominación cuando el interés de un crédito puede variar durante toda la duración del mismo. Normalmente se calcula y revisa anualmente en función de unos cálculos preestablecidos.

• **Intermediación bursátil**: Puesta en contacto de oferentes y demandantes de valores cotizados en bolsa.

• **Intermediario**: Persona física o jurídica que actúa como relación o enlace entre dos o más partes que desean realizar una operación mercantil y por cuya intervención percibe una comisión.

• **Intermediarios bursátiles**: Instituciones cuya actividad es la puesta en contacto de la oferta y demanda en bolsa. Son las agencias y sociedades de valores y bolsa.

• **Interventor**: Persona que fiscaliza determinadas operaciones para asegurar su corrección.

• **Intradía**: Dícese de la operación realizada en un mercado financiero en el mismo día que se recibe la orden de realizarla.

• **Inversión**: Empleo productivo de bienes económicos que da como resultado una cantidad mayor a los recursos empleados. Ver artículo complementario: <u>Consejos a tener muy en cuenta para invertir con éxito</u>.

• **Inversión institucional**: La inversión financiera en bolsa llevada a cabo por entidades con un volumen importante de recursos propios o reservas.

• **Inversor**: Persona física o jurídica que realiza operaciones de compra o venta de valores negociables.

• **IPC**: Acrónimo de Índice de Precios al Consumo. Valor promedio de un conjunto de productos que se consideran que son los que los consumidores adquieren de forma regular en sus compras habituales.

• **IRPF**: Acrónimo de Impuesto sobre la Renta de las Personas Físicas.

• **IRPH**: Acrónimo de Índice de Referencia de los Préstamos Hipotecarios (hipotecas).

• **Irrevocable**: Que no se puede anular y ha quedado consolidado.

• **IVA**: Acrónimo de Impuesto sobre el Valor Añadido. Ver artículo complementario: <u>El peaje del empleado</u>.

J

- **Jornada**: Período de veinticuatro horas o un día de trabajo.
- **Jubilación**: Cese de la actividad laboral por cuestiones de edad o invalidez.
- **Jumbo**: En el mercado estadounidense son los certificados de depósito, bonos u obligaciones con un valor facial superior a 100.000 dólares.
- **Junta General de accionistas**: Reunión general de los accionistas de una sociedad anónima en la que se adoptan las decisiones más trascendentes para la dirección de la misma tales como elegir al Consejo de Administración, cambiar a sus miembros, aprobar las cuentas, decidir sobre fusiones u OPA, reparto de dividendos o cualquier otra cuestión. Puede tener carácter ordinario o extraordinario.
- **Juros**: Deuda pública contraída por la Corona de Castilla en el siglo XIII.
- **Justificante**: Prueba documental que acredita una entrega de mercancías, un ingreso en cuenta, una transferencia o cualquier otra operación.
- *Just in time*: Técnica japonesa de gestión empresarial según la cual se reducen al mínimo las existencias con el ahorro de costes consiguiente, dependiendo a cambio de la frecuencia de suministro por parte de los proveedores.
- **Justiprecio**: Precio resultante de una tasación razonable y equitativa.

K

- **KIRB**: Exigencias de capital correspondientes a los activos titulizados cuando figuran en el balance.
- *Know-how*: Acrónimo inglés que significa saber-cómo. La expresión se utiliza para denominar a todo un conjunto de conocimientos que son útiles para desenvolverse correctamente en un determinado sector económico.

L

• **Lanzar al mercado**: Emitir títulos.

• **Largo plazo**: Vencimiento generalmente superior a cinco años. Ver artículo complementario: Invertir a largo plazo es un gustazo.

• **Lavado de cupón**: Operación de venta poco antes del pago de cupón o dividendo de un valor mobiliario y posterior recompra una vez se ha pagado éste con el objetivo de obtener ventajas fiscales.

• *Leasing*: Alquiler con derecho a compra.

• **Legal**: Limitaciones u obligaciones derivadas de la aplicación de las normativas y leyes.

• **Legislación**: Conjunto de leyes, normas y disposiciones promulgadas y publicadas para ser aplicadas en los ámbitos o materias que regulan.

• **Leonino**: Se aplica el término a las condiciones de aquel contrato en el que algunas o todas las cláusulas que figuran en él favorecen exclusivamente a una de las partes con un claro perjuicio abusivo hacia la otra.

• **Letra de cambio**: Título de crédito que contiene una orden condicionada y abstracta de hacer pagar a su vencimiento al tomador o a su orden una determinada suma de dinero en un lugar y fecha determinado. El incumplimiento de pago suele acarrear ser ingresado en un fichero público de morosos.

• **Letra del Tesoro**: Título emitido por el Tesoro Público que se negocia en los mercados monetarios. Se empezaron a emitir el año 1987 con el fin de regular la liquidez y como medio de financiación del déficit público.

• **Ley de la oferta y la demanda**: Axioma económico según el cual el precio de un bien se establece en el punto en que la cantidad ofrecida se iguala con la cantidad demandada.

• **Ley de las consecuencias no intencionadas**: Es la que estipula que cualquier acción humana, especialmente las que envuelven o afectan a grupos de humanos extensos, tendrá consecuencias no anticipadas o calculadas. Ver artículo complementario: <u>Es INsoluble .... porque son INtencionadamente Incompetentes</u>.

• **Ley de los rendimientos decrecientes**: Principio del liberalismo económico según el cual, a partir de determinado nivel, los rendimientos son decrecientes a pesar de que aumente la producción, puesto que las unidades producidas van perdiendo calidad.

• **Ley de Okun**: Principio desarrollado por el economista Arthur Okun en 1962 según el cual la tasa de desempleo varía un 1% por cada cambio cíclico del 2 ó 3% en el PIB y en el sentido opuesto a éste.

• **Ley del mínimo esfuerzo**: Postula que el universo funciona con una facilidad libre de esfuerzos, con despreocupación, con armonía y con amor. Ver artículo complementario: <u>Ideas ....</u>

• **Leyes de Engel**: Relaciones observadas por el estadístico alemán del siglo XIX Ernst Engel entre el gasto de los consumidores y las variaciones en su nivel de renta permaneciendo constantes las demás variables.

• **Libertad de comercio**: Principio de las relaciones mercantiles siguiendo el cual los intercambios comerciales deberían realizarse en cualquier mercado, ya sea nacional o internacional, sin trabas aduaneras ni de otro tipo, atendiendo tan sólo a las leyes del mercado.

- **Libor**: Tasa de referencia diaria calculada a partir de las tasas de interés en el que los bancos ofrecen fondos no asegurados a otros bancos en el mercado interbancario.
- **Libra esterlina**: Moneda única de curso legal y pleno derecho del <u>Reino Unido</u>. Símbolo: GBP. Abreviatura: £.
- **Librador**: Persona o entidad que expide una letra de cambio, un pagaré, un cheque u otra orden de pago.
- **Licencia**: Documento administrativo por el que se autoriza a ejercer una actividad.
- **Límite de crédito**: Cantidad máxima hasta la cual puede disponer el titular de una cuenta de crédito sin necesidad de tener que constituir previamente un depósito de fondos.
- **Línea de crédito**: Operación de financiación bancaria por la cual se establece el límite de disponibilidad de un crédito por parte del cliente bajo unas condiciones y vencimiento preestablecidos.
- **Liquidación**: Última fase del proceso de inversión consistente en la entrega de los valores por el vendedor y del dinero por el comprador.
- **Liquidez**: Capacidad para hacer frente con puntualidad a las obligaciones financieras contraídas mediante la disposición de un activo líquido inmediato. Ver artículo complementario: <u>La liquidez no es ninguna memez</u>.
- **Liquidez en la bolsa**: Situación del inversor cuando está pendiente de colocar sus recursos dinerarios. Propiedad de los títulos o valores que permite su mayor o menor transformación en dinero en efectivo.
- *Lobby*: Grupo de personas que se agrupan con el objeto de influir ante cualquier situación o poder ejecutivo o legislativo con el objeto de defender sus intereses.

• **Lote de acciones**: Dícese de un paquete o partida de acciones.

• *Low-cost*: Término anglosajón que significa bajo precio y es utilizado para expresar artículos y servicios que se pueden adquirir a un bajo precio. Ver artículo complementario: ¿Por qué prosperan los chinos en los negocios?.

• **Lucro**: Beneficio buscado obtenido.

LL

• **Llave en mano**: Expresión usada para indicar que se encarga un determinado proyecto o servicio que se entregará listo para su uso inmediato.

M

- **Macroeconomía**: Ciencia económica que estudia los sistemas económicos de un área geográfica en su conjunto empleando magnitudes colectivas o generales para tratar de obtener una visión global.

- **Mala fe**: Actuación voluntaria con intención de cometer fraude o de perjudicar a otro.

- **Malversación**: Delito cometido por funcionarios o empleados consistente en sustraer, consentir que se sustraigan caudales públicos o de la sociedad que estén a su cargo o que se destinen a fines diferentes de los reglamentarios.

- **Mandatario**: Persona física o jurídica que recibe un mandato.

- **Manipulación**: Alteración del curso normal de la oferta y la demanda del mercado de valores mediante artificios como operaciones ficticias, depresión o estimulación artificial de las cotizaciones, etc.

- **Manufactura**: Obra hecha a mano o con la ayuda de una máquina.

- **Maquillaje de las cuentas**: elaborar los estados financieros para mejorar la imagen de la sociedad, faltando con ello al principio de imagen fiel.

- **Maravedí**: Antigua moneda española utilizada entre los siglos XI al XIV y que sirvió como unidad de cuenta hasta el siglo XIX.

- **Marca**: Título que concede el derecho exclusivo a la utilización de un signo identificativo para un determinado producto en el mercado.

- **Margen**: Diferencial que se suma o se resta del tipo de interés de referencia para calcular el tipo de interés bruto que debe pagarse o cobrarse.
- **Marketing**: Arte o ciencia que procura satisfacer las necesidades de los clientes y obtener, a su vez, ganancias.
- **Material**: Materia prima o producto elaborado o semielaborado que se utiliza en el proceso de producción.
- **Materias primas**: Es el nombre que se utiliza para englobar todo lo que se extrae de la Naturaleza con el objeto de elaborar materiales y bienes. En inglés se denominan *utilities*.
- **Máximo**: Límite del nivel de cotización a que se está dispuesto a comprar.
- **Media móvil**: Conjunto de medias que muestran la tendencia de una variable a intervalos regulares.
- **Medio de pago**: Cualquier modalidad o alternativa de uso legal y habitual en el entorno financiero que se puede utilizar para liquidar una deuda.
- **Memoria anual**: Informe que suele facilitarse a los accionistas con motivo de la Junta General que completa, amplía y comenta la información contenida en el balance de situación y en la cuenta de resultados de la sociedad pudiendo incluir opcionalmente el dictamen de un auditor externo.
- **Mercado**: Lugar en el que se realizan transacciones y contratos de compraventa de capitales de títulos o valores. En términos económicos, es el conjunto de personas y organizaciones que participan de alguna forma en la compra y venta de bienes y servicios.
- **Mercado bursátil**: Es aquel en donde se concentran las ofertas y demandas sobre los valores admitidos a cotización. Lugar en el que se contratan acciones y obligaciones.

• **Mercado continuo**: Mercado único e informatizado sobre los principales valores admitidos en bolsa que permite la casación continua de compraventa por ordenador en el horario establecido.

• **Mercado de capitales**: Es aquél en el que se negocian con capitales a medio y largo plazo, en préstamos o empréstitos, así como en la compraventa de acciones y participaciones en sociedades mercantiles.

• **Mercado interbancario**: Mercado mayorista especializado, exclusivo y reservado para las entidades de crédito en el cual se negocian depósitos a plazo fijo entre éstas, a través de un servicio controlado y vigilado por el Banco Central. El interés que en él se produce, fruto de la oferta y demanda recibe el nombre de Mibor (mercado de Madrid), Euribor (BCE), Libor (mercado de Londres). Se considera como referente del tipo oficial para la fijación del coste del dinero.

• **Mercados primarios o de emisiones**: Es el mercado donde se negocian valores de nueva emisión y se origina la oferta pública para su suscripción.

• **Mercado de futuros**: Lugar en el que concurren las ofertas y demandas sobre contratos de futuros.

• **Mercado de opciones**: Es aquel en el que se negocian los derechos de compraventa a un determinado precio de un valor específico cotizado una vez transcurrido un plazo y mediante el pago de una prima.

• **Mercado de renta fija**: Es el relativo a valores de renta fija, obligaciones, bonos, deuda pública, etc.

• **Mercado de venta variable**: Es el relativo a valores de renta variable, es decir, las acciones.

• **Mercado estrecho**: Dícese del mercado que ofrece escasa variedad de oferta.

• **Mercado interbancario**: Mercado en el que los bancos se prestan dinero entre ellos a un plazo determinado.

• **Mercado secundario**: Es el mercado donde se realizan operaciones de valores ya existentes en circulación.

• **Meritocracia**: Es una forma de gobierno basada en el mérito y las aptitudes personales. La jerarquía se asumiría por méritos, conocimientos y buen hacer. Ver artículo complementario: El pueblo no es apático: ya requiere un político meritocrático.

• **Método de consolidación**: Principios para la presentación de las cuentas consolidadas de un grupo de sociedades. Existen tres métodos: el método de integración global, el método proporcional y el método de puesta en equivalencia o de la participación.

• **MIBOR**: Tipo de interés interbancario utilizado como tipo de referencia para las hipotecas hasta la introducción del euribor en el año 2000.

• **Microcrédito**: Los microcréditos son pequeños préstamos realizados a prestatarios con pocos recursos que no pueden acceder a los préstamos que otorga un banco tradicional. Los microcréditos posibilitan, especialmente en países de desarrollo, que muchas personas sin recursos puedan financiar proyectos laborales por su cuenta que les reviertan unos ingresos. El microcrédito es la parte esencial de la microfinanciación dentro del que se encuentran otros servicios tales como ls microseguros, ahorros y otros.

• **Microeconomía**: Ciencia económica que estudia los fenómenos económicos desde el punto de vista de las unidades elementales como, por ejemplo, las empresas, familias, compradores, etc.

• **MID-50**: Se trata de un índice bursátil creado por la Bolsa de Barcelona formado por los cincuenta valores de mayor capitalización bursátil, excluidos los 35 valores del Ibex 35.

• **MIFID**: Desde el día 1 de noviembre del año 2007 es de aplicación en toda la Unión Europea la Directiva 2004 relativa a los mercados de instrumentos financieros que hace referencia a los requisitos organizativos y a las condiciones de funcionamiento de las empresas de inversión así como a términos definidos a efectos de aquella. Se trata de advertir al inversor que tenga en cuenta los riesgos inherentes a cualquier inversión financiera.

• **Millonario**: Persona que tiene una fortuna muy elevada y se estima que es superior a un millón (suele ser de la moneda del país de referencia: dólar americano, euro, libras, etc).

• **Minusvalía**: Pérdida producida por la venta de valores a un precio inferior al de la compra.

• *Mobbing*: Término anglosajón usado para referirse al acoso laboral que pretende que la víctima abandone su puesto de trabajo.

• **Moneda**: Pieza de metal resistente que se emplea como medida de cambio por su valor legal o su valor intrínseco. Suele ser la unidad de cuenta.

• **Moneda única**: Expresión popular utilizada para referirse al euro.

• **Monopolio**: Situación de mercado en que existe un único oferente para un producto o servicio y múltiples demandantes, por lo que el primero puede establecer los precios que le convengan.

• **Montepío**: Establecimiento fundado con objeto de pagar pensión de jubilación, de enfermedad, de viudedad u orfandad a los miembros de una organización profesional o a sus derechohabientes.

• **Mora**: Retraso en el cumplimiento de una obligación.

• **Moratoria**: Trasladar la fecha de una decisión a una fecha posterior. Demora.

• **Moroso**: Quien se retrasa en el pago o compromiso adquiridos.

• **Multa**: Sanción administrativa o penal de carácter pecuniario impuesta a una persona física o jurídica por no atenerse a lo estipulado por la Ley.

• **Multinacional**: Empresa que opera más allá del país de origen.

• **Mutua de seguros**: Entidad de seguros en la que el cliente es socio de la misma, de modo que si la sociedad logra beneficios pueden distribuirse entre los asegurados, que son a la vez mutualistas.

N

• **Nacionalizar**: Hacer, por parte del Estado, que pasen a ser de su propiedad bienes, industrias o servicios que estaban en manos de particulares, mediando o no una compensación.

• **NASDAQ**: Mercado electrónico de la Bolsa de Nueva York. Cotizan más de 3.000 sociedades no admitidas en los otros dos mercados (NYSE y AMEX). Web: NASDAQ.

• **Negocio**: Término más genérico que el de empresa que denota algo que es objeto de una ocupación que tiene ánimo de lucro.

• **Neto**: Importe final una vez deducidos descuentos y gastos.

• **NIF**: Acrónimo de Número de Identificación Fiscal. Para las sociedades se suele usar CIF.

• **NIKKEI**: Índice de la Bolsa de Tokio. Se elabora con las cotizaciones de las 225 sociedades de mayor contratación. La Bolsa de Tokio es la segunda bolsa mundial en importancia en cuanto a volumen de negociación. Otros índices de esta Bolsa son el TOPIX y el J30. Web: NIKKEI.

• **Nivel de vida**: Rango en que se encuentra una persona, una familia, un sector, un país, etc. dentro de una escala de bienestar que se define o que está implícita.

• **No residente**: Persona física o jurídica cuyo domicilio habitual se encuentra situado en el extranjero a efectos legales y fiscales.

• **Nominal**: Valor facial de un título o valor.

• **Nominativo**: Dícese del valor que identifica plenamente a su legítimo titular.

• **Nostro**: Cuenta abierta por una entidad de crédito en un banco corresponsal en otro país.

• **Nota de liquidación**: Justificación escrita que un intermediario bursátil entrega a su comitente-cliente de las operaciones realizadas por su cuenta. En ella se hace referencia al efectivo recibido y entregado, valores comprados y enajenados, gastos, comisiones, derechos cobrados por cuenta del cliente, etc.

• **Notario**: Funcionario cuya intervención otorga carácter público a los documentos privados.

• **Notificación de operaciones**: Comunicación hecha al comitente-cliente respecto a la ejecución de una orden de bolsa.

• **Novación**: Modificación o extinción de una obligación jurídica o transmisión por parte de otra obligación posterior.

• **Numerario**: Dinero en efectivo, es decir, los billetes y monedas de curso legal.

• **Números rojos**: Expresión coloquial utilizada para expresar que se está en deuda con el banco o se tiene un descubierto en la cuenta.

• **Numismática**: Ciencia que estudia las monedas.

• **NYSE**: Acrónimo de New York Stock Exchange. Es la Bolsa de Nueva York. El mayor mercado de valores del mundo en volumen de contratación y el segundo en número de sociedades cotizadas. Está situado en Wall Street. Web: NYSE.

O

- **Objeción fiscal**: Negativa del contribuyente a cumplir con una obligación fiscal por un problema de conciencia normalmente relacionado con el destino de los fondos.
- **Objeto social**: Actividad mercantil lícita y concreta para cuya realización se constituye una sociedad.
- **Obligación**: Valor mobiliario que representa una parte alícuota de un préstamo contraído por la entidad emisora y que confiere a su titular el derecho de percibir un interés fijo o variable y a obtener la devolución del capital representado en obligaciones.
- **Obligación convertible**: Es una obligación que otorga a su titular el derecho a convertir en las fechas previamente determinadas su valor en acciones ya sean de la misma sociedad emisora de las obligaciones o de otra sociedad de la cual la emisora es poseedora de un paquete de acciones.
- **Obligacionista**: Titular de obligaciones.
- **Oferta**: Conjunto de bienes o servicios que se ponen a disposición del mercado para responder a la demanda. Se determina su precio por la relación entre ambas fuerzas si no existe intervención estatal.
- **Oligopolio**: Situación de mercado que se caracteriza por la concentración en un número reducido de oferentes de un producto o servicio frente a un número de demandantes que puede ser elevado.
- **Oneroso**: Algo que es muy gravoso o caro.
- **ONG**: Acrónimo de Organización no gubernamental. Entidad con un carácter civil o social que procura mediante acciones

autoreguladas, pacíficas y responsables el bienestar de la sociedad.

• **Onza**: Medida de peso equivalente a 28,7 gramos.

• **OPA**: Acrónimo de oferta pública de acciones. Es una operación financiera por la cual una empresa o un grupo financiero hace conocer públicamente a los accionistas de la sociedad cotizada en bolsa su deseo de adquirir el control de la misma. Se exige el cumplimiento de unos requisitos y procedimientos especiales relativos a la presentación y formalización de las propuestas, desarrollo y ejecución de la contratación que sigue de ella y la publicidad de la oferta.

• **Opción**: Instrumento financiero derivado que se establece en un contrato por el que un comprador tiene el derecho, pero no la obligación, a comprar o vender bienes o valores a un precio predeterminado hasta una fecha concreta.

• **Opciones**: Contrato por el cual el comprador adquiere mediante el pago de una prima la opción (el derecho) a comprar (o vender) un determinado valor mobiliario a un precio determinado en tanto que el vendedor queda obligado a entregar (o comprar) dicho valor.

• **Operación**: Negociación o contrato sobre bienes o servicios siguiendo unas reglas establecidas.

• **Operación acordeón**: Es una reducción de capital social de una empresa acompañada de una posterior ampliación de capital.

• **Operación a diferencia**: Es aquella operación bursátil que no se liquida la operación entregando los respectivos totales de valores y dinero sino que se conviene en entregar la diferencia que resulten entre los precios pactados y los que resulten en el momento del vencimiento de la operación en el mercado.

• **Operaciones bursátiles**: Compraventa de valores cotizables efectuados en bolsa con la mediación de un intermediario bursátil.

• **Optimismo**: Es tener una fuerte expectativa de que las cosas irán bien a pesar de los contratiempos y frustraciones.

• **Optimizar**: Buscar la forma de llevar a cabo un proyecto de la mejor manera posible con los recursos de los que se dispone.

• **Órdago**: Operación especulativa que consiste en comprar un paquete de acciones minoritario, manifestando interés por realizar una   OPA hostil en caso de no vender el mismo paquete a un precio suficientemente beneficioso.

• **Órdenes de bolsa**: Son las dadas a una sociedad o agencia de valores y bolsa para la compra o venta de valores cotizados en bolsa cualquiera que sea el medio utilizado para su comunicación.

• **Oro**: Metal precioso que tradicionalmente ha sido usado para acuñar moneda y como patrón monetario en muchos países. Ver artículo complementario: _Si quieres el oro y el moro cómprate una mina de oro_. Símbolo: XAU.

• **OTC**: Tipo de operación con valores realizada fuera de un mercado regulado (_over the counter_).

P

• **Pactar**: Acordar algo obligándose a su cumplimiento.

• **Paga extra**: Gratificación extraordinaria a los salarios percibidos en las doce mensualidades habituales que cobra un trabajador asalariado.

• **Pagaré**: Documento mercantil que consiste en un compromiso de pago por parte del firmante, el cual se compromete a abonar su importe al beneficiario en el vencimiento y lugar acordados.

• **Pagaré bancario**: Modalidad de pagaré y generalmente con vencimiento a corto plazo emitido por un banco que se hace responsable del buen fin de éste.

• **Pagaré de empresa**: Títulos emitidos por sociedades privadas para la obtención de financiación a través de endeudamiento a corto plazo y que se pueden negociar.

• **Pago**: Acto por el cual alguien se libera de una deuda contraída. Es una salida de tesorería.

• **Papel bursátil**: Valores mobiliarios (acciones, obligaciones, etc) que cotizan en bolsa.

• **Papel de viudas**: Dícese de la inversión en valores mobiliarios de renta fija emitidos con la garantía del estado.

• **Paquete de acciones**: Dícese de un grupo de acciones.

• **Par de divisas**: Son la base de la operativa de las transacciones del mercado Forex. En un par el inversor compra la primera divisa del par y, simultáneamente, vende la segunda divisa del par.

• **Parado**: Persona que no tiene trabajo.

• **Paraíso fiscal**: Estado o territorio con una normativa fiscal poco exigente, una tributación baja o nula, que no suele mantener acuerdos fiscales con otros países. El objetivo de todo ello es atraer los capitales extranjeros.

• **Paridad**: Equivalencia entre el valor nominal y el efectivo de los valores mobiliarios.

• **Paro**: Situación en la que se encuentran las personas que estarían dispuestas a trabajar pero no encuentran empleo. Es sinónimo de desempleo.

• **Parquet**: Recinto, rodeado de una barandilla, en el salón de contratación de las bolsas y a la vista del público donde los intermediarios bursátiles se reúnen para concertar las operaciones en el sistema de contratación tradicional o de viva voz.

• **Participación**: Título representativo de una parte alícuota de la propiedad de una sociedad limitada.

• **Participaciones de fondos de inversión**: Valores mobiliarios transmitidos en bolsa y fuera de ella que legitiman a sus titulares para el ejercicio de los derechos inherentes a su condición de partícipes del fondo. Se materializan en certificados.

• **Partícipe**: Persona física o jurídica que posee una participación en una sociedad limitada.

• **Partida**: Cada una de las partes de un asiento contable.

• **Pasivo**: Conjunto de todas las obligaciones y deudas de una persona.

• **Patente**: Conjunto de derechos exclusivos que se concede a un inventor a cambio de su descubrimiento.

• **Patronal**: Nombre genérico que recibe el que emplea gente para que trabaje para él.

• **Patrimonio**: Conjunto de bienes y derechos detentados por una persona. Ver artículo complementario: El impuesto Robin Hood me lo gasto a tu salud.

• **Patrimonio neto**: Corresponde a los bienes y derechos de una persona física o jurídica una vez deducidas las deudas y obligaciones que afectan a éstos.

• **Patrón oro**: Sistema por el que se establecía antiguamente el valor de una unidad monetaria con respecto al oro disponible en las arcas del Estado.

• *Pay-out*: Ratio que indica el porcentaje del beneficio neto que se distribuye en dividendos.

• **Penalizar**: Prevención contemplada en algunos contratos que consiste en estipular el pago de una indemnización económica que deberá asumir la parte incumplidora de los pactos acordados frente a la parte perjudicada.

• **Pensión**: Importe que la Seguridad Social paga de forma periódica, temporal o vitalicia por jubilación, viudedad, orfandad o incapacidad laboral.

• **PER**: Acrónimo anglosajón que significa *Price to Earnings Ratio*. Es una medida que nos da la proporción de lo que se gana de una determinada inversión. La fórmula es el resultado de dividir el precio invertido por el beneficio obtenido y expresarlo en porcentaje. Ver artículo complementario: El arte de recuperar el dinero antes de morir.

• **Pérdida**: Resultado contable negativo que corresponde a un determinado período de tiempo.

• **Periodificar**: Asignar cada ingreso y cada gasto al ejercicio en que se produce.

• **Permuta**: Contrato por el que cada uno de los intervinientes se compromete a dar el derecho y dominio de una propiedad a cambio de otra que se entregará bajo las condiciones y plazo que se establezcan.

• **Persona física**: Miembro de la especie humana susceptible de adquirir derechos y contraer obligaciones. También se puede denominar persona natural.

• **Persona jurídica**: Sujeto con derechos y obligaciones que existe físicamente pero no como individuo pero sí como institución que es creada por una o varias personas para cumplir un determinado objeto social que puede ser con o sin ánimo de lucro.

• **Peseta**: Moneda de curso legal en España desde su aprobación el 19 de octubre de 1868 hasta el 1 de enero de 1999, cuando se introdujo el euro. Símbolo: PTA.

• **PIB**: Acrónimo de producto interior bruto. Medida que expresa el valor monetario de la producción de bienes y servicios de un determinado país o región durante y determinado tiempo. Quiere ser una medida de los ingresos totales generados por un país.

• **Pignoración**: Operación por la que se concede un crédito a cambio de una garantía que suele ser un bien de fácil embargar. Normalmente suele ser una vivienda, acciones, bonos, obligaciones, letras del tesoro o, incluso, dinero en efectivo retenido en una cuenta.

• **PIP**: Es la unidad que mide la variación más pequeña en el precio de una divisa. En un par de monedas su valor es de 0,0001 con excepción del caso del yen japonés que es de 0,01.

• **Pista de tendencia**: Distancia correspondiente entre las líneas de tendencia que une las cotizaciones mínimas y la línea que une los precios máximos de un valor. También recibe el nombre de canal de tendencia alcista o bajista según corresponda.

• *Placing*: Término anglosajón que se utiliza para designar la colocación previa de un valor entre inversores institucionales antes de entrar en el mercado secundario.

• **Plan de ajuste**: Proyecto que procura equilibrar los ingresos obtenidos con los gastos comprometidos.

• **Plan de pensiones**: Consiste en un contrato que define el derecho de los titulares a cuyo favor se constituye el plan a percibir capitales o rentas por jubilación, viudedad, orfandad o invalidez. En un plan de pensiones intervienen el promotor, los partícipes y los beneficiarios. Al patrimonio que se constituye con las aportaciones e intereses devengados se les denomina fondos de pensiones. Existen distintas variaciones del plan de pensiones como el del empleo, mixtos, de prestación definida y asociados, etc. Ver artículo relacionado: <u>Lo de los planes de pensiones es incomible al igual que los limones</u>.

• **Plan económico-financiero**: Proyecto en el que se establecen las directrices encaminadas a obtener un equilibrio entre los ingresos y los gastos.

• **Planes sistemáticos de inversión**: Técnica que pretende fijar unas reglas fijas de inversión que fije el momento de compra y de venta, la proporción aconsejable, etc.

• **Planificación anual**: Planificación orientada al corto plazo, es decir, a un horizonte temporal de un año.

• **Plata**: Metal precioso que se ha empleado para fabricar monedas. Símbolo: XAG.

• **Plaza bursátil**: Ciudad donde existe local de bolsa.

• **Plazo**: Cada uno de los desembolsos regulares parciales que se realizan en cumplimiento de una obligación de pago.

• **Plazo de suscripción o de ejercicio de derechos**: Período para suscribir nuevas acciones transcurrido el cual se pierde el derecho a suscribir nuevos valores.

- **Pleito**: Litigio ante la Justicia.
- **Plusvalía**: Incremento de valor que se produce por la diferencia entre el precio de compra y el mayor de venta de los valores mobiliarios.
- **Población activa**: Parte de la población que tiene edad de trabajar y lo está haciendo o está buscando empleo.
- **Pobre**: Dícese de la persona que está en una situación de pobreza.
- **Pobreza**: Situación o forma de vida que surge como producto de la imposibilidad de acceso o carencia de los recursos que satisfacen las necesidades básicas humanas tales como: alimentación, vivienda, educación, asistencia sanitaria o acceso al agua potable.
- **Póliza**: Documento justificativo de la contratación de un seguro, en el que figuran todas las condiciones estipuladas.
- **Póliza de valores**: Documento emitido por el intermediario bursátil que acredita la titularidad de los valores adquiridos.
- **Por lo mejor**: Mención que puede figurar en una orden de compra o venta de valores con la que se da la instrucción de efectuarla al mejor precio para el ordenante, sin especificar un mínimo ni un máximo.
- **Posición de dinero**: Situación que se produce cuando existe un exceso de oferta sobre un valor.
- **Posición de papel**: Situación que se produce cuando existe un exceso de oferta sobre un valor.
- **Potencial**: Capacidad de crecimiento futuro.
- **Precio**: Dinero que da un comprador por una cosa vendida.
- **Precio bursátil**: Valor en términos monetarios de los valores negociados cotizados en bolsa.
- **Precio del dinero**: Equivale al coste o interés que se aplica en una operación desde la perspectiva del prestatario.

• **Precio de emisión**: Es la cantidad por la que la entidad emisora está dispuesta a ceder sus valores en la emisión.

• **Prenda**: Bien mueble que entrega el deudor al acreedor en garantía o promesa de hacerlo para el cumplimiento de una obligación.

• **Prescripción**: Extinción de derechos y acciones de forma provisional o permanente, ya sea por aplicación de acuerdos establecidos por norma o por el transcurso del tiempo sin que aquel derecho hubiera sido reconocido ni ejercitado.

• **Prestación**: Servicio recibido en virtud de un contrato o de una obligación legal.

• **Prestamista**: En un contrato de préstamo es la parte que otorga y da el dinero a otra.

• **Préstamo**: Contrato financiero por el que una persona física o jurídica, generalmente una entidad de crédito, cede una cantidad de dinero a un vencimiento y tipo de interés prefijado. Se diferencia de un crédito en que el beneficiario dispone de la totalidad de la cantidad negociada mientras que en aquél lo hace en la medida de sus necesidades. Ver también: crédito. Ver artículo complementario: Criterios básicos para tomar la mejor decisión a la hora de hacer un préstamo.

• **Préstamo a corto plazo**: Modalidad de préstamo cuyo vencimiento es inferior a un año.

• **Préstamo a medio plazo**: Tipo de préstamo cuyo plazo de amortización se estipula entre los doce y los treinta y seis meses.

• **Préstamo a largo plazo**: Préstamo cuyo vencimiento es superior a los tres años.

• **Préstamo con garantía personal**: Modalidad de préstamo que concede una entidad financiera atendiendo exclusivamente a la solvencia personal del propio beneficiario.

• **Préstamo con garantía real**: Préstamo que se concede mediante la garantía de un bien mueble o inmueble que queda afectado y responde del buen fin de la operación.

• **Préstamo consuntivo**: Modalidad de préstamo que una entidad financiera concede a su cliente con destino al consumo.

• **Préstamo hipotecario**: Es aquel que se concede tras la aportación de una garantía real de hipoteca sobre bienes inmuebles propiedad del beneficiario del préstamo o de un tercero, que se constituye en avalista de la operación.

• **Presupuesto**: Cálculo anticipado de los ingresos y los gastos que va a representar una determinada actividad económica ya sea personal, empresarial o de cualquier otro tipo. Ver artículo complementario: Un encaje de bolillos bien sencillos.

• **Presupuesto de tesorería**: Documento fundamental en la gestión financiera que consiste en cuantificar y ordenar los flujos económicos positivos y negativos que se esperan en el futuro, con el fin de planificar de antemano y a la vista de las desviaciones que se puedan producir, las medidas correctoras oportunas.

• **Previsión bursátil**: Análisis del curso de las cotizaciones de los valores con el fin de deducir de ellos una tendencia.

• **Prima**: Exceso que se paga sobre el valor teórico de un activo financiero.

• **Prima de riesgo**: Sobrecoste que se paga de más en función de la solvencia y se toma como base el precio que pagan los más solventes o una determinada media.

• **Principal**: Nombre usado para designar el capital pendiente de una deuda sin contar los intereses o gastos que puedan añadirse a la cantidad de deuda viva.

• **Principio de Dilbert**: Principio según el cual las sociedades ascienden a los empleados menos competentes para que tengan una apreciación más limitada de los daños que pueden ocasionar sus decisiones.

• **Principio de Pareto** (regla del 80/20): La base de este principio aplicado a la economía es que el 80% de las ganancias provienen de un 20% de las causas que los generan y, al revés, el 20% de las ganancias restantes provienen del 80% de las causas que los generan. Ver artículo complementario: La interesante ley del mínimo esfuerzo.

• **Principio de Peter**: Principio según el cual los empleados son promocionados hasta alcanzar su nivel de incompetencia momento en el que pueden empezar a perjudicar el funcionamiento de la empresa.

• **Privatización**: Traspaso de una empresa o actividad pública al sector privado, normalmente mediante su venta.

• **Productividad**: Relación entre la cantidad de productos obtenido por un determinado sistema productivo y los recursos utilizados que se han necesitado para obtener esa producción.

• **Productos de activo**: Desde la perspectiva de los bancos, son aquellos que los contabilizan en su activo, tales como préstamos y créditos. Para el prestamista son pasivos.

• **Productos de pasivo**: Desde la perspectiva de los bancos, son aquellos que contabilizan en su pasivo, tales como los ahorros de sus impositores y deudas pendientes de liquidar. Para los clientes son activos.

• **Promotor inmobiliario**: Empresario que se dedica a realizar promociones inmobiliarias, es decir a construir inmuebles para su <u>venta</u>, <u>alquiler</u> o ambas cosas.

• **Propiedad intelectual**: Derecho reconocido por la ley a los autores, traductores o editores de obras científicas, literarias o artísticas.

• **Propina**: Muestra de agradecimiento por un trabajo o servicio bien hecho que consiste en dar un complemento económico monetario o algún bien. Ver artículo complementario: <u>Algunas propinas son mejores que las aspirinas</u>.

• **Prorrata**: Cuota que corresponde a cada una de las partes en una distribución de gastos, sin que tenga que ser necesariamente la misma para todas ellas.

• **Prorrateo**: Distribución proporcional de una cantidad, obligación o carga entre varias personas, sin que tenga que dar necesariamente el mismo importe para todas ellas.

• **Prospección**: Exploración a partir de determinados indicios de posibilidades ocultas o futuras.

• **Protesto**: Diligencia realizada ante notario con los efectos comerciales no aceptados o no pagados a su vencimiento para que no se perjudiquen los derechos de las personas que han intervenido en el giro o en los endosos.

• **Proveedor**: Persona que abastece a una empresa de material necesario para que pueda desarrollar su actividad.

• **Provisión**: Contabilizar recursos como gastos con el objeto de poder satisfacer una deuda contraída y que se deberá liquidar en un futuro.

• **Puja**: Cantidad que ofrece el licitador en una subasta.

• **Punto**: Unidad de medida de un cambio o de un índice.

• **PYME**: Según la actual legislación son las empresas que cuentan con menos de 250 trabajadores, tienen un volumen de negocios inferior a 50 millones de euros o un balance general inferior a 43 millones de euros. No deben estar participadas en un 25% o más de su capital por una empresa que no cumpla los requisitos mencionados, salvo en los siguientes casos: que pertenezca a sociedades públicas de participación, sociedades de capital riesgo o inversores institucionales siempre que éstos no ejerzan, individual o conjuntamente, ningún control sobre la empresa.

Q

• **Querella**: Acto jurídico por el que el fiscal o un particular solicitan el inicio de un procedimiento penal contra quien o quienes estiman que son responsables de un delito.

• **Quiebra**: Es la situación en la que una persona o sociedad no puede hacer frente a sus deudas con los activos que posee. También se conoce con el término bancarrota.

• **Quirógrafo**: Documento que no está autorizado por notario ni lleva ningún signo oficial o público, que respalda una obligación contractual.

• **Quita**: Es un convenio entre un acreedor y un deudor por el que pagando una parte de la deuda ésta se considera totalmente saldada y finiquitada por el acreedor. Ver artículo complementario: Pago de deudas: la quita que te quita el sueño.

• **Quórum**: Número de individuos de un órgano deliberante, o de votos, necesario para que adopte algún acuerdo.

R

- **Racionalidad económica**: Supuesto de comportamiento económico según el cual tanto los individuos como las empresas tratan de maximizar la utilidad de los recursos de los que disponen.

- **Racionamiento**: Distribución de los productos, en general de primera necesidad, entre los consumidores en cantidades determinadas cuando escasean ya sea en caso de guerra o por cualquier situación de penuria económica.

- **RAI**: Acrónimo de registro de aceptaciones impagadas. Registro donde figuran los impagos de cheques, pagarés, letras aceptadas y créditos. Ver también: ASNEF-EQUIFAX.

- *Random walk*: Voz anglosajona que puede traducirse como camino aleatorio. Se denomina también hipótesis del mercado eficiente que supone que el mercado de valores descuenta toda la información que afecte a los valores de forma inmediata por lo que ningún inversor se encuentra en mejor posición que otro.

- *Ranking*: Término anglosajón que hace referencia a la clasificación de mayor a menor de un conjunto de personas físicas o jurídicas.

- *Rating*: Índice utilizado para clasificar a las sociedades con arreglo a su solvencia financiera.

- **Ratio bursátil**: Relación entre dos magnitudes bursátiles que puede expresarse en forma de cociente o de porcentaje.

- **Ratio de endeudamiento**: Es la relación resultante de dividir la suma de las masas que comprenden el exigible a corto y largo plazo del balance por el total del pasivo del balance.

• **Ratio de liquidez**: Es la relación resultante de dividir el activo circulante con el pasivo exigible a corto plazo. Ver artículo complementario: <u>La liquidez no es ninguna memez</u>.

• **Razón social**: Denominación legal de una sociedad.

• **Realizable**: Elemento del activo que puede ser convertido en efectivo de forma rápida.

• **Realizar beneficios**: Vender valores que ya han generado plusvalías.

• **Rebajas**: Momentos del año en el que se pueden adquirir los productos de un determinado establecimiento con un descuento con respecto a un tiempo anterior. Suele coincidir con un período justo después de otro de gran consumo.

• **Recalentamiento**: Época económica en la que la producción de materias y bienes no es suficiente para atender la demanda y consumo del momento.

• **Recargo**: Importe en que se incrementa una deuda por el retraso en el pago.

• **Recesión**: Aminoración de la actividad económica manifestada por la desaceleración pronunciada de un período de crecimiento que suele conllevar la disminución del nivel global de la demanda.

• **Recibo**: Documento que refleja y certifica la constancia de un pago realizado de un servicio o adquisición de un bien o producto.

• **Recompra**: Operación de compra hecha para atender una venta en descubierto por un error o haberlo hecho en un número excesivo de valores.

• **Reconversión**: Proceso de transformaciones que sufre una actividad con el objetivo de modernizarla y adecuarla a las exigencias del mercado.

• **Recorte**: Descenso ligero de las cotizaciones.

- **Recortes**: Reducción del gasto público que generan una pérdida de derechos sociales.
- **Recuperación**: Elevación sucesiva de los cambios tras un descenso previo.
- **Recurso**: En un procedimiento judicial o administrativo, acción con que cuenta el interesado para reclamar contra la resolución dictada.
- **Recursos**: Financiación de diversa índole de la que dispone una sociedad para desarrollar su objetivo social.
- **Recursos naturales**: Recursos procedentes de la naturaleza, generalmente limitados, que pueden utilizarse para satisfacer las necesidades humanas como por ejemplo: agua, aire, hidrocarburos, minerales, ...
- **Redondear**: Prescindir de pequeñas diferencias en más o en menos de un importe, teniendo en cuenta únicamente las unidades de orden superior.
- **Reembolso**: Abono que realiza la entidad al cliente.
- **Reestructuración**: Modificación de la estructura económica actual para hacerla más eficiente.
- **Refinanciación**: Prolongación de una financiación mediante un nuevo crédito o préstamo a su vencimiento.
- **Reforma económica**: Transformación planificada de la economía con el objeto de generar crecimiento económico y bienestar social.
- **Reforma estructural**: Expresión que se refiere a las medidas que puede acometer un determinado gobierno con el objeto de cambiar el modelo productivo de un país o región y mejorar su eficiencia.
- **Regalía**: Remuneración que recibe el propietario de derechos de propiedad industrial o intelectual a cambio de otorgar a otro su autorización para ejercerlos.

• **Regatear**: Proceso por el cual un comprador pide un descuento o rebaja en el precio de un bien o servicio a un vendedor. Ver artículo complementario: <u>Regateando me acabo mareando</u>.

• **Registro contable**: Proceso de incorporación en el balance, en la cuenta de pérdidas y ganancias o en el estado de cambios en el patrimonio neto una partida que cumpla la definición del elemento correspondiente y que satisfaga los siguientes criterios para su reconocimiento: que sea probable que cualquier beneficio económico asociado con la partida llegue a la entidad, salga de ella y que la partida tenga un coste o valor que pueda ser medido con fiabilidad.

• **Registro de la propiedad**: Donde se inscriben los bienes inmuebles junto con los derechos y cargas vinculados a ellos. En él figura quién es el propietario y eventualmente si está hipotecado, embargado, si tiene servidumbres, si existe alguna resolución judicial o administrativa que afecte al bien u otras informaciones similares.

• **Registro mercantil**: Donde se inscriben los actos comerciales, la constitución de sociedades y sus modificaciones estatutarias.

• **Regla del 72**: Es la fórmula utilizada para medir el tiempo aproximado que se necesita para que una inversión se duplique usando, normalmente, el interés compuesto. Ver artículo complementario: <u>El interés del interés compuesto.</u>

• **Reglamento**: Conjunto de reglas o preceptos dados por la autoridad competente en una materia para la ejecución de una ley o para regular el régimen de algún organismo.

• **Regularizar**: Adecuar a la legislación una situación que era irregular.

• **Reintegro**: Operación que consiste en retirar fondos de una cuenta. Pagar una deuda.

• **Reinversión**: Acción de invertir nuevamente los beneficios obtenidos en bolsa.

• **Relevancia**: Cualidad referida a la información cuando ejerce influencia sobre las decisiones económicas de quienes la utilizan, ayudándoles a evaluar sucesos pasados, presentes o futuros, o bien a confirmar o corregir evaluaciones realizadas anteriormente.

• **Remanente**: Saldo que resta de una cuenta.

• **Remate**: Adjudicación de los bienes vendidos en una subasta o almoneda.

• **Remesa**: Conjunto de efectos comerciales entregados por un cliente a una entidad de crédito para su descuento.

• **Remuneración**: Todas las retribuciones a los empleados

• **Rendimiento**: En los valores mobiliarios es la suma de su rentabilidad más su crecimiento o plusvalía.

• **Renta**: Rédito anual que percibe una persona como fruto de un capital invertido o en concepto de remuneración del trabajo.

• **Renta de valores**: Rendimiento producido por la tenencia de valores ya sea en forma de intereses, dividendos, venta de derechos, primas de asistencia a juntas o primas de amortización.

• **Renta fija**: Valor mobiliario que produce unos intereses invariables. Ver artículo complementario: Fíjate en lo poco fija que es la renta fija,

• **Renta per cápita**: Relación que hay entre el PIB y el número de habitantes de un país o una región.

• **Renta variable**: Valor mobiliario cuya rentabilidad depende de diversos factores ligados a los beneficios y expectativas de la sociedad emisora.

• **Renta vitalicia**: Contrato aleatorio por virtud del cual queda obligada una persona a pagar una pensión o rédito anual durante la vida de una o más personas determinadas, a cambio de un capital en bienes muebles o inmuebles, cuyo dominio se le transfiere, desde luego, con la carga de la pensión.

• **Rentabilidad**: Tipo de rendimiento consistente en la percepción de una cantidad procedente de la entidad emisora de los valores mobiliarios.

• **Rentabilidad bursátil**: Diferencia positiva o negativa anual entre el cierre de dos ejercicios consecutivos más los dividendos y los beneficios obtenidos por las ampliaciones de capital producidos en el período.

• **Rentabilidad del accionista**: Relación entre el dividendo de una sociedad y los capitales realmente aportados por los accionistas.

• **Rentabilidad real**: Rentabilidad calculada teniendo en cuenta la variación del valor del dinero.

• **Rentable**: Calidad que se otorga al capital o inversión capaz de alcanzar una rentabilidad satisfactoria.

• *Renting*: Servicio integral de alquiler de bienes sin opción de compra para el usuario, por el que se paga una cuota fija durante la vigencia del contrato, incluyendo todos los servicios de mantenimiento y seguros necesarios.

• **Rentista**: Persona que recibe rentas de la inversión de sus ahorros.

• **Repo**: Nombre que recibe la operación consistente en la cesión o venta de valores, generalmente las letras del Tesoro, por parte de una entidad financiera o intermediario a su cliente, con la que se contrata simultáneamente el compromiso de recomprarlos, por la propia entidad que los ofreció, en las condiciones fijadas en el mismo contrato.

- **Resarcir**: Indemnizar por un daño, perjuicio o agravio causados.

- **Rescate financiero**: Inyección de liquidez otorgado a una entidad que está en quiebra o próxima a quebrar con el fin de que pueda cumplir sus compromisos de pagos en el corto plazo. Normalmente los rescates son realizados por gobiernos o inversores que reclaman contrapartidas a cambio del monto de los fondos aportados.

- **Rescindir**: Dejar sin efecto un contrato u otra obligación.

- **Reserva Federal**: Sistema bancario central de los Estados Unidos de América, creado en 1913. Abreviadamente: FED.

- **Reserva legal**: Destino de una parte del beneficio de un ejercicio con el objeto de reforzar el capital social.

- **Residente**: Persona física o jurídica cuyo domicilio habitual se encuentra situado en un país a efectos legales y fiscales, sea o no nacional del mismo.

- **Resistencia**: Zona de precios en la que un determinado valor tiene problemas para superarlo al alza. Ver también: soporte.

- **Responsabilidad civil subsidiaria**: Obligación de reparar los daños y perjuicios provocados a una persona física o jurídica por algún tipo de culpa o de negligencia, que entra en juego en defecto de la directa y principal de otra persona.

- **Restituir**: Devolver algo a quien le pertenecía legítimamente.

- **Resultado contable**: Beneficio o pérdida del ejercicio antes de deducir el gasto por el impuesto a las ganancias o impuesto sobre los beneficios.

- **Retención**: Descuento practicado sobre un pago para garantizar el cumplimiento de determinada obligación.

- **Retribución**: Pago por algún servicio prestado.

- **Retribución en especie**: Utilización, consumo u obtención para fines particulares bienes, derechos o servicios de forma gratuita o a un precio inferior al del mercado aún y cuando no supongan un gasto real para quien las concede.

• **Retroactividad**: Capacidad que tiene una normativa o una decisión de surtir efecto respecto a situaciones preexistentes.

• **Revalorización**: Rendimiento consistente en el incremento de valor de los valores negociables fundado en el crecimiento de la entidad emisora.

• **Revisión laboral**: Aumento o disminución del sueldo pagado a un trabajador, a un grupo de trabajadores o a la totalidad de la plantilla de una empresa.

• *Revolving*: Crédito o préstamo que vuelve a tener vigencia con arreglo a las condiciones estipuladas originalmente después de haber sido amortizado.

• **Rico**: Dícese de la persona a la que se le atribuye riqueza. Libros de ¿Cómo salir de pobre y no morir en el intento?.

• **Riesgo**: Elemento de incertidumbre que puede afectar a una actividad o al resultado de una operación. Contingencia o probabilidad de que se pueda producir un daño o un perjuicio. Se distinguen varios tipos de riesgo: riesgo económico, riesgo financiero, riesgo de cambio, riesgo de interés, etc. La diferencia entre riesgo e incertidumbre es que el primero es medible a través de métodos para el cálculo de sus posibilidades, mientras que en el segundo la distribución de posibilidades no es conocida.

• **Riesgo de insolvencia**: Riesgo de pérdida debido al incumplimiento de pago, por quiebra de un cliente, deudor o emisor financiero, o debido a la insolvencia de la entidad de contrapartida.

• **Riesgo de interés**: El riesgo que se deriva de una inversión cuyo tipo de interés se ha contratado basándose en índices variables y cuyas variaciones pueden afectar en mayor o menor medida la valoración real de la inversión.

• **Riesgo económico**: El asumido por una persona o empresa con relación a la inversión en explotación, es decir, al relacionado con el flujo económico.

• **Riesgo financiero**: El derivado de la asunción de compromisos de deudas con relación a la capacidad para hacer frente al pago de éstas a su vencimiento.

• **Riesgo país**: Riesgo que tiene una determinada inversión económica por el simple hecho de ser realizada en un país determinado y no en otro más o menos seguro.

• **Riqueza**: Abundancia de recursos valuables, posesiones materiales o control de activos. Libros de ¿Cómo salir de pobre y no morir en el intento?.

• **Robo**: Delito contra el patrimonio consistente en el apoderamiento de bienes ajenos usando para ello el uso de la fuerza.

• **ROE**: Acrónimo de *return on equity*. Rentabilidad sobre los recursos propios.

• *Rollover*: Es el interés que se paga o se recibe por tener una posición abierta por un tiempo superior a un día interbancario.

• **Rotación de inventario**: Parámetro para el control de la gestión en las empresas dedicadas a la comercialización de productos que se obtiene dividiendo la cifra de ventas por el valor del inventario.

• *Royalty*: Pago que se efectúa al titular de derechos de autor, patentes, marcas o *know-how* a cambio de tener un derecho a usarlos.

• **RSI**: Acrónimo de *relative strength index*. Es el indicador de la fuerza relativa que sirve para medir la fuerza con que actúan la oferta y la demanda. Es medido en porcentaje por lo que el 50% correspondería al nivel neutro.

• **Rublo**: Unidad monetaria usada en la Federación Rusa. Símbolo: RUB.

S

- **S.A.**: Acrónimo de Sociedad Anónima. Es una sociedad de carácter mercantil cuyo capital está dividido en acciones e integrado por las aportaciones de sus socios que no responden a las deudas de la misma con su patrimonio personal.

- **S&P 500**: Índice ponderado de la Bolsa de Nueva York, elaborado por Standard & Poor's. Está compuesto por las cotizaciones de las 500 sociedades de más alta capitalización. Es utilizado como subyacente en los mercados de futuros.

- **Salario**: Bienes o dinero que paga un patrón a un trabajador por un determinado trabajo realizado durante un determinado período de tiempo. También se puede denominar como sueldo, soldada o estipendio.

- **Saldo**: En contabilidad es el resultado de restar del haber el debe.

- **Saldo acreedor**: Cuando la suma de las cantidades adeudadas en una cuenta resultan inferiores a la suma de las acreditadas. En este caso la cuenta arroja un saldo positivo a nuestro favor. La situación contraria es el saldo deudor.

- **Saldo deudor**: Cuando la suma de las cantidades adeudadas en una cuenta resultan superiores a la suma de las acreditadas. En este caso la cuenta arroja un saldo negativo. La situación contraria es el saldo acreedor.

- **Salida a bolsa**: Comienzo de la cotización y negociación de un valor mobiliario en la bolsa de valores .

- **Salón de contratación**: Lugar destinado a los corros o sistema de contratación tradicional en el edificio de la bolsa.

• **Sanción**: Pena que la legislación establece para los que infrinjan la ley.

• **Saneamiento**: Programa de medidas encaminadas a mejorar el funcionamiento, y con ello el rendimiento, de una sociedad o de un sector entre las que puede figurar la liquidación de activos improductivos, la reducción de plantilla, la mejora de la financiación u otras medidas similares.

• *Scalping*: Realizar un número de operaciones de compra y venta en el mercado elevado.

• *Scoring*: Herramienta de gestión del riesgo de crédito basada en un sistema de puntuación con el que se pretende predecir el comportamiento de un solicitante de crédito desde el punto de vista del riesgo en el momento que efectúa la solicitud.

• **SEC**: Acrónimo de *Securities and Exchange Commission*. Órgano de vigilancia y supervisión de las bolsas de EEUU, creado en 1934, con sede en Washington. Web: SEC.

• **Secreto bancario**: Compromiso y obligación de las entidades de crédito de guardar total discreción sobre los movimientos de las cuentas de sus clientes a menos que medie una decisión judicial relacionada con un posible fraude fiscal, o con las sospechas de algún tipo de delito, como puede ser el blanqueo de capitales.

• **Sector primario**: Conjunto de actividades económicas relacionadas con los productos agropecuarios, pesqueros, minerales, forestales y todos aquellos que proceden de la naturaleza sin que sufran ninguna transformación.

• **Sector privado**: Ámbito que corresponde a empresas de índole privado que realizan su actividad dirigida a satisfacer la demanda general.

• **Sector público**: Opuesto al sector privado. La titularidad de los bienes de producción pertenece al Estado o a la Administración.

• **Sector secundario**: Conjunto de actividades económicas relacionadas con la transformación de las materias primas en productos terminados o semielaborados, tales como la industria, la construcción y la energía.

• **Sector terciario**: Conjunto de actividades económicas relacionadas con la prestación de servicios,tales como: la banca, los seguros, el turismo, el transporte, la sanidad y la educación.

• **Segunda ventanilla**: Mercado interbancario donde el banco central del país puede obtener liquidez descontando pagarés del Tesoro y pólizas de crédito.

• **Segundo mercado**: Mercado bursátil de pequeñas y medianas empresas.

• **Seguridad:** Se busca no sólo el recuperar la cantidad ahorrada sino que también se busca mantener el poder adquisitivo y no perder por los efectos perversos de la inflación.

• **Seguridad Social**: Entidad encargada del bienestar social que procura cubrir las necesidades sociales que se consideran básicas tales como la salud, pobreza, vejez, discapacidad, vivienda, desempleo, familias numerosas o situaciones de riesgo de exclusión social. Web: Seguridad Social.

• **Seguro**: Acuerdo en el que una de las partes accede a resarcir de un daño con dinero a cambio de cobrar una cuota periódica.

• **Serie de Fibonacci**: Serie numérica creada a principios del siglo XIII por Leonardo de Pisa (Fibonacci), que consiste en unos números que se suceden siendo cada uno de ellos la suma de los dos anteriores (1, 1, 2, 3, 5, 8, 13, 21, 34, 55, 89,

144, 233, 377, ...). Esta serie tiene un conjunto de aplicaciones prácticas, por ejemplo, en el análisis bursátil.

• **Servicio**: Es una actividad que se desarrolla para satisfacer una necesidad.

• **Servicio postventa**: Servicio prestado al cliente con posterioridad a la realización de la venta, como pueden ser los cubiertos por la garantía del producto.

• **Sesión bursátil**: Tiempo destinado en las bolsas para la contratación de los valores mobiliarios.

• **Severidad**: Estimación del porcentaje de la deuda que no podría recuperarse en caso de incumplimiento del deudor.

• **SICAV**: Acrónimo de Sociedad de Inversión de Capital Variable.

• **Sindicato**: Organización que aglutina trabajadores con el objeto de poder defender sus intereses sociales, económicos y profesionales.

• **Síndico**: Persona encargada de velar por la buena conservación y administración de los bienes y de liquidar el activo y el pasivo del deudor.

• **Sinergia**: Acción conjunta cuyo efecto es superior a la suma de las acciones individuales.

• **Siniestro**: Ocurrencia del evento asegurado que produce unos daños cubiertos por la póliza de seguros.

• **Sistema**: Conjunto de principios que rigen una materia, que son interdependientes y pueden tratarse como un conjunto.

• **SMI**: Acrónimo de Sistema Monetario Internacional.

• **Sobre la par**: Suscripción o compra de una acción a un precio superior a su valor nominal o al 100%.

• **Sobrevaloración**: Precio de venta superior al verdadero valor de los títulos.

• **Socialismo**: Es una sociedad organizada como un entero sobre todos sus elementos integrantes en lo que se refiere a medios de producción como de las fuerzas de trabajo.

• **Sociedad de cartera**: Sociedad que tiene por objeto la tenencia de acciones de otra o de otras con el fin de controlarlas o de tener una rentabilidad por la vía de los dividendos o de plusvalías.

• **Sociedad de inversión**: Entidad financiera cuyo capital está constituido por aportaciones propias o de ahorradores privados con el fin de invertirlos en la compra de valores mobiliarios.

• **Sociedad de inversión inmobiliaria**: Modalidad de sociedad de inversión colectiva cuyo objeto principal consiste en invertir en bienes inmuebles para su explotación aunque también lo pueden hacer en títulos y activos líquidos.

• **Sociedad de inversión mobiliaria**: Modalidad de sociedades de inversión que tienen por objeto exclusivo la adquisición, tenencia, disfrute, administración en general y enajenación de valores mobiliarios y otros activos financieros. Con ello compensan con una adecuada composición de sus activos los riesgos y los tipos de rendimiento sin tener participación mayoritaria económica o política en otras sociedades. Pueden ser de capital fijo (SIM) o de capital variable (SIMCAV).

• **Sociedad de valores y bolsa**: Intermediario bursátil autorizado legalmente para operar en bolsa por cuenta ajena y por cuenta propia.

• **Sociedad gestora**: Sociedad cuyo fin exclusivo es la dirección, administración y representación de fondos de inversión.

• **Socio**: Persona que por sí sola o junto con otras constituye una sociedad.

• **Solvencia**: Cualidad de alguien que tiene capacidad para atender sus compromisos con el conjunto de recursos que constituyen sus activos o patrimonio. Es aquel que tiene capacidad para endeudarse. Ver artículo complementario: Solvencia vs. Insolvencia.

• **Sostenibilidad**: Sistema económico que se puede mantener productivo a lo largo del tiempo sin problemas. Ver artículo complementario: Crisis what crisis? Credit what credit?.

• **Sostenido**: En el mercado bursátil equivale a mercado estable cuyos precios no bajan.

• *Split*: Distribución en varias partes iguales de un activo financiero de modo que el conjunto tiene el mismo valor que el activo financiero antes de su división.

• *Spread*: Diferencia entre el precio de compra y venta de un activo. Es también el margen que se cobra el broker por nuestras operaciones.

• *Stand-by*: Tipo de acuerdo entre una sociedad de valores o una entidad financiera que garantiza la colocación de una emisión de títulos de una empresa entre los inversores quedándose con aquellos que no consiga vender a un precio establecido.

• *Start-up*: Reciben este adjetivo los negocios con una historia de funcionamiento limitada por los pocos recursos económicos pero con grandes posibilidades de crecimiento.

• *Stock*: Término anglosajón usado para denominar las existencias.

• *Stock-exange*: Voz anglosajona equivalente a mercado de valores.

• *Stock-option*: Retribución indirecta a los directivos de una sociedad o a todos sus empleados que consiste en la venta de acciones de la propia sociedad a bajo precio.

• *Stop*: Clase de orden bursátil en que se limita la orden hasta una determinada cotización que fija el comitente-cliente.

• *Stop-loss*: Orden bursátil que limita una caída a la baja del precio dando automáticamente una orden de venta cuando se alcanza el nivel indicado.

• **Subasta**: Sistema de venta que aprovecha la competencia directa y pública de los compradores para tratar de obtener mejor precio por el bien vendido.

• **Subdesarrollo**: Situación en la que se encuentra el país o región que no alcanza cierto nivel económico generalmente es por defectos en su estructura económica y social. Ver artículo complementario: Los bereberes marroquís.

• **Subrogación**: Es un negocio jurídico mediante el cual una persona sustituye a otra en una obligación. Por lo tanto, la subrogación puede darse en cualquiera de las dos posiciones de una obligación: posición deudora y acreedora.

• **Subsidio**: Prestación económica de carácter público asistencial con una duración determinada y que pretende cubrir enteramente o en gran medida la necesidad social que la genera.

• **Subvención**: Entrega de dinero que realiza la Administración pública para que los particulares que la reciben realicen una determinada actividad.

• **Subyacente**: Título o activo financiero sobre el que se puede negociar una opción.

• **Sueldo**: Ver: salario.

• **Suerte**: Es una creencia en que se piensa que hay algún tipo de organización para los sucesos afortunados y desafortunados. Ver artículo complementario: La esperanza que nunca se pierde.

• **Sujeto pasivo**: Persona física o jurídica obligada a tributar.

• **Suscripción**: Acto por el cual una persona adquiere la titularidad de unos valores nuevos o de emisión. Se denomina adquisición en el mercado primario.

• **Superávit**: Situación financiera por la cual los ingresos son superiores a los gastos con lo que se produce un beneficio.

• **Suscribir**: Comprar títulos de renta fija o de renta variable.

• **Suspensión de pagos**: Situación en la que se encuentra una sociedad cuya insolvencia ha sido declarada oficialmente por un juez.

• *Swap*: Instrumento financiero que consiste en un contrato sobre un producto derivado que produce el intercambio de flujos financieros entre dos partes.

• **SWIFT**: Acrónimo de *Society for Worldwide International Financial Telecommunication*. Es un sistema de transmisión electrónica de datos entre entidades de crédito que admite también a otros operadores como los intermediarios bursátiles o las propias bolsas de valores.

T

- **T-Bond**: Bono del Departamento del Tesoro de Estados Unidos, con vencimiento a 10 años o más, que sólo paga impuestos a nivel federal y tienen un valor nominal mínimo de 1.000 dólares.
- **TAE**: Acrónimo de Tasa Anual Equivalente. Referencia orientativa del rendimiento de un determinado producto financiero.
- **Tarifa**: Tabla de precios, comisiones, derechos y cuotas tributarias.
- **Tarjeta de crédito**: Tarjeta magnética emitida por las entidades financieras, los grandes almacenes u otras entidades que otorga crédito a su usuario hasta una cantidad determinada, al tipo de interés acordado y que pueden postergarse los cargos hasta una fecha determinada.
- **Tarjeta de débito**: Tarjeta magnética emitida por las entidades financieras, los grandes almacenes u otras entidades que puede ser utilizada como medio de pago o para realizar operaciones en un cajero automático en la que los cargos se cargan inmediatamente y se realizan sin postergar el pago.
- **Tasa**: Indicador básico que consiste en una relación entre dos variables o magnitudes.
- **Tasa de paro**: Proporción de población desempleada con respecto a la población total de un país o una región.
- **Tasación**: Proceso que procura estimar el valor de un activo.
- **Techmark**: Segmento de la Bolsa de Londres en el que cotizan las sociedades de nuevas tecnologías.

• **Tendencia**: Sucesión de las cotizaciones bursátiles con arreglo al mismo signo alcista o bajista.

• **Tenedor**: Propietario legítimo de un título o valor.

• **Tener crédito**: Es la reputación, prestigio o solvencia que se le atribuye a una persona física o jurídica y que le permite gozar de la confianza, en términos económicos, de una u otras personas. Ver artículo complementario: <u>Criterios básicos para tomar la mejor decisión a la hora de hacer un préstamo</u>.

• **Tensión de tesorería**: Dificultades de liquidez y financiación causados por desfases en los flujos de caja.

• **Tesorería**: Denominación que recibe el área de gestión bancaria cuya finalidad consiste en la colocación de dinero excedente a corto plazo o bien en la financiación de los mercados monetarios. Saldo o existencia de dinero en caja en un momento determinado.

• **Tesoro público**: Conjunto de recursos financieros que conforman el erario público.

• **Testaferro**: Persona que aparece como titular en los negocios de otra persona, que es el verdadero negociador o contratante.

• **Tiburón**: Inversor que adquiere un paquete de acciones de una sociedad para hacerse con su control con la única intención de venderla por partes.

• **Tick**: Unidad mínima a la que se puede mover al alza o a la baja una opción o un futuro.

• **Tierra quemada**: Estrategia desesperada para evitar una OPA hostil que consiste en vender los principales activos de la sociedad para desincentivar al inversor.

• **Tipo**: Relación entre variables económicas expresada de forma relativa de una con respecto a la otra.

• **Tipo básico de interés**: El que fija el banco central de un país, o el Banco Central Europeo en la zona euro, y que regula y sirve de referencia en sus relaciones con las entidades financieras.

• **Tipo de cambio**: Entre dos divisas es la relación que permite determinar la proporción que existe entre sus valores en un momento determinado.

• **Tipo de emisión**: Es el precio de emisión de los valores calculado en porcentaje.

• **Tipo de interés**: Cantidad, expresada en porcentaje, que produce o devenga un capital en un período dado. Genéricamente sería el precio del dinero.

• **Tipo de interés hipotecario**: Aquel tipo de interés que se aplica específicamente a los préstamos hipotecarios y que, por lo general, se trata de un tipo fijo o bien referenciado a partir de un índice prefijado como el Euríbor, IRPH, CECA o conjunto de bancos, etc.

• **Tipo de interés legal**: Tipo de interés fijado por ley, de aplicación directa y exclusiva a las obligaciones de tipo legal, por ejemplo, las sanciones aplicadas por la Administración.

• **Tipo de interés libro de riesgo**: Es el tipo de interés al que se puede invertir sin asumir riesgo. Normalmente se toma como referencia el tipo de interés a corto plazo de la deuda pública.

• **Tipo de interés nominal**: Interés que figura en un contrato de crédito o préstamo que será de aplicación durante la vigencia de éste salvo una indicación en contra.

• **Tipo de interés preferencial**: Aquel tipo de interés que aplican las entidades financieras a sus mejores clientes.

• **Tipo de interés real**: El que resulta de sumar al interés nominal otros gastos como comisión, gastos de apertura, etc. y en función del período de abono de los intereses pactados.

- **Titular**: Persona física o jurídica que posee un título, documento o derecho.
- **Título de propiedad**: Documento que acredita quien es el dueño legal de una propiedad que le permite poseer, disfrutar y ocupar de forma pacífica.
- **Título valor**: Documento sobre un derecho de crédito cuyo ejercicio y transmisión están condicionados a la posesión del documento.
- **Tocar fondo o techo**: En términos bursátiles se dice que los cambios han tocado fondo cuando en un período de baja de los mismos se presume que ya no bajarán más. Suele ser porque da la impresión que la baja se detiene. En cambio, en un período al alza se dice que los cambios han tocado techo.
- **Top**: Parte más alta alcanzada por la curva de cotizaciones antes de que empiecen las bajadas.
- **Trabajo**: Actividad humana aplicada a la obtención de riqueza.
- **Trampa de liquidez**: Situación que se produce en el mercado monetario cuando los tipos de interés están muy bajos y los inversores deciden guardar su dinero y no invertir.
- **Transacción**: Operación mercantil o financiera de compra, venta o, más raramente, de trueque.
- **Transacción bursátil**: Operación de compraventa en bolsa.
- **Transferencia**: Orden de pago realizada con el objetivo de poner fondos a disposición del beneficiario.
- **Transmisión**: Traspaso de un derecho o propiedad por enajenación, cesión o de alguna otra forma.
- **Transparencia**: Cualidad del mercado bursátil por la que todos los compradores conocen las propuestas de los vendedores y viceversa.
- **Traspaso**: Cesión del dominio de un bien a una persona.

• **Tributo**: Pagos obligatorios establecidos unilateralmente por un Estado para satisfacer sus necesidades de gasto.

• **Trueque**: Proceso por el cual se intercambian bienes o servicios sin que exista un pago dinerario hecho que lo diferencia de una compraventa habitual. Ver artículo complementario: <u>No es oro todo lo que reluce</u>.

• **Trust**: Reunión de un conjunto de sociedades bajo la dirección de una de ellas.

• **Túnel**: Estrategia empleada en los mercados de derivados que consiste en adquirir una opción de compra y vender una opción de venta, logrando con ello una zona de protección ante bajadas inesperadas del mercado.

U

- **Umbral de beneficio**: Punto en el desarrollo de una sociedad a partir del cual se empiezan a generar beneficios netos.
- **Unidad de cuenta**: Valor convencional cuyo importe se establece por equiparación con otro valor o se calcula con arreglo a una cesta de otras unidades.
- **Uniformidad**: Principio contable según el cual una vez adoptado un criterio dentro de las alternativas permitidas, deberá mantenerse en el tiempo y aplicarse de manera uniforme para transacciones, otros eventos y condiciones que sean similares en tanto no se alteren los supuestos que motivaron su elección. De alterarse estos supuestos podría variar el criterio, en cuyo caso estas circunstancias han de constar en la memoria, indicando la incidencia cuantitativa y cualitativa de la variación sobre las cuentas anuales.
- ***Unit-linked***: Seguro de vida mixto (ahorro + cobertura por fallecimiento). Su prima se invierte casi totalmente en carteras de activos financieros funcionando de la misma forma que un fondo de inversión (garantizado o no garantizado). Las ventajas fundamentales con respecto a otros instrumentos de inversión, como los fondos, se derivan principalmente de su fiscalidad ya que mantiene las características jurídicas propias de los seguros.
- **Universalidad**: Cualidad de aquellos que son de aceptación general a escala internacional.
- **Usuario**: Persona que utiliza un servicio o dispone del uso de un bien del que no es propietario.

• **Usufructo**: Derecho al uso y disfrute de bienes que son propiedad ajena, con la obligación de conservarlos.

• **Usura**: Tipo de interés aplicado al dinero prestado que excede manifiestamente lo establecido por la ley o lo considerado como normal en los mercados. Ver artículo complementario: El banquero usurero ya cae por el agujero.

• **Usurpación**: Acto de apoderarse con engaño o violencia de aquello que pertenece a otro.

• **Utilidad**: Calidad de un objeto, bien o servicio que es percibido y apreciado por el usuario. Beneficio.

• *Utilities*: Expresión anglosajona utilizada para denominar las materias primas.

V

• **Vale**: Papel en el que se consigna un importe que debe pagarse a alguien.

• **Valor**: Grado de utilidad de un bien o servicio .

• **Valor bursátil**: Dícese del valor de un título en bolsa. Este valor está en contraposición con los obtenidos mediante otros modelos o criterios de valoración. Con este criterio, el valor de una empresa vendrá determinado por el producto del número de acciones con relación a su valor de cotización o bursátil.

• **Valor contable**: Estimación del valor de una acción calculada según el balance de la sociedad emisora.

• **Valor cotizado**: Valor admitido a negociación en bolsa.

• **Valor de cotización**: Cambio de un valor en bolsa.

• **Valor de emisión**: Precio al que se puso en circulación un valor.

• **Valor efectivo**: Valor de mercado de un título.

• **Valor mobiliario**: Título emitido en masa que confieren los mismos derechos y que se caracteriza por su negociabilidad.

• **Valor negociable**: Valor susceptible de negociación en los mercados secundarios organizados.

• **Valor nominal**: Valor que consta en el título.

• **Valor teórico**: Es el resultante de dividir el patrimonio social entre todas las acciones emitidas.

• **Valuación**: Determinación del precio de un bien.

• **Variabilidad**: Fluctuación de las cotizaciones de un valor de modo acusado en torno a una línea de tendencia.

• **Vencimiento**: Fecha de amortización o pago de intereses de los valores de renta fija.

• **Venta**: Hecho por el que se traslada el dominio de algo. Relacionado: <u>Fincas en Venta</u>.

• **Verificación**: Comprobación de la certeza de algo.

• **Veto**: Derecho de una persona o sociedad a vedar o impedir que algo se apruebe.

• **Vía ejecutiva**: procedimiento judicial para reclamar el pago de una deuda.

• **Viabilidad**: Posibilidad de que algo se lleve a buen término.

• **Vicios ocultos**: Defectos que puede tener un bien que es objeto de una compraventa y que no se han reconocido antes o durante el momento de la venta.

• **Vigencia**: Periodo durante el cual surte efecto.

• **Vinculante**: Aquello que somete a una obligación.

• **Vitalicio**: Aquello que dura o a lo que se tiene derecho desde que se obtiene o contrata hasta que fallece el adquirente.

• **Viva voz**: Procedimiento de contratación tradicional utilizado en las bolsas españolas y que consiste en manifestar las posiciones de oferta y demanda en voz alta.

• **Vivo**: Crédito o préstamo que no ha llegado a su fecha de vencimiento.

• **Volatilidad**: Correlación entre las variaciones de las cotizaciones de un valor y las del índice general del mercado bursátil.

• **Volumen de contratación**: Importe de la contratación de un determinado valor mobiliario en un período de tiempo.

• **Voto**: derecho conferido por la propiedad de las acciones de una sociedad para participar en las votaciones celebradas en la Junta General de Accionistas. Normalmente es un voto por acción.

• **Voz**: Derecho que tiene una persona a expresar su opinión en la discusión sobre un asunto, sin que resulte vinculante a la hora de tomar la decisión correspondiente.

• **VPO**: Acrónimo de vivienda de protección oficial. Vivienda que tiene un precio limitado y que suele ser parcialmente subvencionado por la administración con el objeto que puedan tener acceso a la vivienda las personas que tienen menos recursos.

W

- *Wall Street*: Denominación popular de la Bolsa de Nueva York por el nombre de la calle donde está ubicada.

- *Warrant*: Documento que confiere al suscriptor de una obligación el derecho a adquirir un determinado número de acciones en unas condiciones económicas que se conocen por adelantado.

- *White knight*: Persona física o jurídica con recursos financieros suficientes para acudir en ayuda de una sociedad que es objeto de una OPA hostil y hacerse con su control, evitando que caiga en manos del otro ofertante.

X

- **XAU**: Símbolo utilizado para la cotización del oro.
- **XAG**: Símbolo utilizado para la cotización de la plata.
- **XD**: Sin dividendo.

Y

- **Yen japonés:** Unidad monetaria usada en Japón. Símbolo: JPY. Abreviatura: ¥.
- *Yield*: Voz anglosajona usada para indicar rendimiento.
- **Yo-yo**: Valor mobiliario de elevada volatilidad.
- **Yuan Renminbi**: Unidad monetaria usada en China. Significa la moneda del pueblo. Símbolo: CNY. Abreviatura: ¥.
- *Yupi*: Acrónimo del inglés que significa *Young Urban Professional*. Es un término que en el argot popular describe al ejecutivo agresivo triunfador en los negocios.

Z

• **Zona de libre comercio**: Área compuesta por una serie de países que eliminan las barreras comerciales entre ellos conservando no obstante cada uno sus propias barreras ante terceros países.

• **Zona de resistencia**: Zona de fluctuación en los mínimos de la curva de cotizaciones.

• **Zona euro**: Zona de influencia económica y financiera formada por los países que conforman la Unión Europea que se han acogido al euro y bajo la vigilancia del Banco Central Europeo.

• **Zona franca**: Espacio claramente delimitado y cerrado, situado normalmente en las áreas portuarias, que se considera ubicado fuera del territorio arancelario nacional.

• **Zurupeto**: Intermediario bursátil no registrado.

OTROS LIBROS DEL AUTOR

• **Título**: *"¿Cómo salir de pobre y no morir en el intento? - Economía doméstica"*.

• **Resumen**: Libro sencillo, ameno, divertido y directo al grano en el que se dan una serie de directrices muy interesantes encaminadas a conocer la economía que es necesaria para el ciudadano de a pie. Sin tecnicismos se tratan temas de carácter general, economía doméstica, reducir gastos, deudas y trabajo.

• **Título**: *"¿Cómo salir de pobre y no morir en el intento? - Finanzas personales"*.

• **Resumen**: Libro sencillo, ameno, divertido y directo al grano en el que se dan una serie de directrices muy interesantes encaminadas a dar una base financiera para el ciudadano de a pie. Sin tecnicismos se tratan los conceptos financieros básicos, inversión financiera, negocios, impuestos y administración.

• **Título**: *"¿Cómo salir de pobre y no morir en el intento? - Krítika al Sistema"*.

• **Resumen**: Es un libro en el que se recogen una serie de temas de opinión sobre el actual sistema económico, político y social. Se piensa en voz alta y crítica sobre los derechos básicos y cómo debería ser una empresa social.

• **Título**: *"¿Cómo salir de pobre y no morir en el intento? - Reflexiones financieras"*.

• **Resumen**: Es un conjunto de citas y reflexiones de los autores más relevantes sobre el mundo financiero.

• **Título**: *"Aumenta tu cultura financiera antes de que te coma una fiera"*.

• **Resumen**: Tener una cultura financiera suficiente es básico para poder andar sin problemas por los entresijos del mundo de las finanzas. Este libro recorre los principales autores en la materia destacando sus ideas más interesantes.

• **Más información**: http://www.kritika-al-sistema.com/?page_id=1880.

www.ingramcontent.com/pod-product-compliance
Lightning Source LLC
Chambersburg PA
CBHW051321170526
45166CB00002B/635